¿Podemos Confiar en la Biblia?

Respuestas a las más inquietantes preguntas sobre la Biblia

José Reina

Copyright © 2011 - 2016 José Reina

Copyright © 2011 - 2016 Editorial Imagen.
Córdoba, Argentina

Editorialimagen.com
All rights reserved.

Todos los derechos reservados. Ninguna parte de este libro puede ser reproducida por cualquier medio (incluido electrónico, mecánico u otro, como ser fotocopia, grabación o cualquier sistema de almacenamiento o reproducción de información) sin el permiso escrito del autor, a excepción de porciones breves citadas con fines de revisión.

Todas las referencias bíblicas son de la versión Reina-Valera 1960, Copyright © 1960 by American Bible Society excepto donde se indica.

CATEGORÍA: Vida Cristiana/Estudio Bíblico

Impreso en los Estados Unidos de América

ISBN-13:
ISBN-10:

ÍNDICE

Introducción 1
    Acercándonos a la Biblia 1
    ¿Por qué estudiar la Biblia? 2
    ¡El gran best seller de esta semana! 4

1 Paso a paso por la Biblia 11
    Antiguo y Nuevo Testamento 11
    La diversidad de la Biblia 13
    ¿Qué es la Biblia? 15
    La veracidad de la Biblia 18
    ¿Cuántas Biblias hay? 22

2 El contexto oriental de la Biblia 27
    Antesala Sobrenatural 27
    El protagonismo de Palestina en la Biblia y en la historia 29
    ¿Libros sagrados? 31
    El origen de la escritura y su relación con la Biblia 33
    El descubrimiento de la Piedra Rosetta 36
    Materiales y técnicas en el uso de la escritura 40

3 Las lenguas de la Biblia 45
    La escritura del Antiguo Testamento empieza con Moisés 47
    Hebreo y arameo 50
    Historia de la lengua hebrea 53
    La importancia del griego y la versión de la Septuaginta 59

4 La inspiración de la Biblia 67
¿Es la Biblia inspirada por Dios? 67
¿Es la Biblia palabra de Dios? 71
El significado y el modo de la inspiración 74

5 El canon del Antiguo Testamento 81
¿Biblia católica o protestante? 81
Los libros apócrifos 86

6 El canon del Nuevo Testamento 95
Comienzos neo-testamentarios del canon 96
Las primeras colecciones eran incompletas 97
Libros falsos o dudosos 98
Testimonios contemporáneos de los escritos del Nuevo Testamento .. 98
La formación del Nuevo Testamento 100
Libros apócrifos del Nuevo Testamento 103
Escritos de los Padres Apostólicos 104

Conclusión 107

Recursos para tu edificación 109

Más libros del autor 113

Más libros de interés 117

Introducción

Acercándonos a la Biblia

Nos referiremos por esta frase a obtener un conocimiento general de las Escrituras:

- Cómo se escribieron los libros.
- La manifestación de la revelación de Dios al hombre.
- La inspiración divina de las Escrituras.
- Su tierra de origen.
- Su lengua.
- Las distintas traducciones.

¿Cómo llegamos a tener definitivamente la Biblia tal cual la poseemos hoy?

Ante esta perspectiva, quizás alguno se pregunte: ¿por

qué estudiar la Biblia? ¿No es suficiente leerla y 'que el Espíritu Santo me guíe'? Por cierto que esto parece muy atinado y contiene parte de la verdad. Tampoco podemos estudiar la Biblia sin la ayuda del Espíritu Santo.

¿Por qué estudiar la Biblia?

Pero consideremos lo siguiente:

1. Estudiar la Biblia es un mandamiento del mismo Señor Jesucristo, quién dijo: *"Escudriñad las Escrituras, porque a vosotros os parece que en ella tenéis la vida eterna; y ellas son las que dan testimonio de mí; y no queréis venir a mí para que tengáis vida."* (Juan 5:39,40).

De paso aprovechemos para ver bien el significado del texto. No se puede leer el versículo 39 sin el versículo 40, un error muy común en nuestros días. Si vemos todo el concepto notaremos que las Escrituras son el medio para conocer a Jesús. Ellas me llevan a la experiencia con la persona de Jesús. ¡Es Jesús quién nos da vida eterna! La Biblia no da vida eterna. Leer la Biblia sin conocer a Jesús no me lleva al cielo.

Pero al leer los testimonios de las obras de Jesús en la Biblia, mi alma se inquieta, se conmueve por conocer al Dios hecho hombre.

¿Qué es escudriñar? Según el diccionario Kapeluz de la Lengua Española significa: "examinar y averiguar con cuidado las intimidades y las circunstancias de algo".

No se puede llegar a la trama íntima de la Escritura sin

estudiar con cuidado, con detenimiento, observando con cuidado como lo hace el científico en su laboratorio.

El laboratorio de un cristiano que quiere escudriñar las Escrituras son, las rodillas dobladas, un corazón dispuesto a obedecer y una mente iluminada por la presencia del Espíritu Santo.

¡Cuánto puede hacer el Señor con una persona que se entrega con estas condiciones a profundizar en esta fuente inagotable de inteligencia y sabiduría, con el deseo de llegar a descubrir los tesoros más escondidos que Dios ha reservado a los que le aman!

2- Porque, si estudiamos la Biblia, nos libraremos de equivocaciones basadas en la ignorancia, y que nos pueden llevar a experiencias indeseables.

Esto también lo afirmó Jesús ante una pregunta de los saduceos acerca de la resurrección. En Mateo 22:29 les dice: *"erráis, ignorando las escrituras y el poder de Dios."* Noten que como consecuencia de ignorar las Escrituras el resultado es peor, porque tampoco se conoce el poder de Dios.

3- A este punto llegamos si continuamos el razonamiento leyendo los versículos 31 y 32. Lo podríamos resumir así:

> El concepto que yo tenga de Dios determinara la clase de cristiano que seré.

En este caso el Dios de los saduceos era tan pequeño, que ni siquiera tenía poder para resucitar a los muertos. La ignorancia te regala un dios pequeño, débil e inadecuado a tu experiencia presente.

El estudio de las Escrituras, con la unción del Espíritu Santo, te revela un Dios grande en el cuál puedes confiar.

¿Cómo es tu Dios? Dios es tan grande como nosotros se lo permitimos. A veces por ignorancia permitimos que el diablo sea más grande. Eso es una gran mentira ¿Te das cuenta entonces, por qué al diablo le conviene fomentar la ignorancia? Tu deber y el mío es que a través del estudio y conocimiento de las Escrituras, Dios sea cada vez más grande en nuestros corazones. *"Dios no es Dios de muertos sino de vivos."* Así concluye diciéndoles Jesús en este debate teológico. El conocimiento de la palabra de Dios me da seguridad, convicción y una fe sólida.

Esto también nos hace reflexionar: cuánto necesita conocer la Biblia la gente que nos rodea. Y qué importante es que sepamos no solamente regalar ejemplares gratuitos - lo cual está muy bien - sino también el comunicar su mensaje con verdadera eficacia.

¡El gran best seller de esta semana!

Observando los millones de volúmenes con que cuenta hoy la humanidad, cada semana se lanza un nuevo best seller para los ávidos consumidores; traemos a la memoria la frase del famoso pensador francés Voltaire que dijo: "Todo el mundo civilizado se gobierna por unos cuantos libros."

Surge la pregunta, ¿cuál será el mejor? Los bibliófilos, los eruditos, los investigadores señalan cien, doscientos, digamos hasta mil libros que constituyen las obras maestras del ingenio y de la sapiencia.

Pero por encima de este montón de luminosidad que alumbra todos los caminos del saber se destaca erguido, como un picacho inaccesible que horrada las nubes, para llegar al cielo, el libro por antonomasia: la Biblia.

Ningún otro le iguala; ninguno, como dice un sabio, "arrojó más cantidad de semilla en el cauce abierto por el curso de los siglos; ninguno es, como él, faro y guía… "

Por eso no nos asombra que las Sociedades Bíblicas han traducido la Biblia a más de 2000 lenguas y su trabajo continúa sin detenerse.

Y yo creo que por esta misma razón los cristianos debemos esforzarnos en difundir la Biblia en todos los países. Parece que cada país tiene un tiempo en los planes de Dios. Ahora es el tiempo de Rusia; ¿se imaginan los millones de Biblias que se necesitan?

He aquí lo que la Sociedad Bíblica de Bélgica escribe en un folleto al entregar la Biblia a una persona comenzando con estas palabras:

> "¿Sabe la importancia que esta Biblia que ahora tiene en sus manos ha tenido para millones y millones de seres como usted? A través de los siglos, millones de seres humanos han visto su existencia transformada por ella, y así innumerables hombres, ricos o pobres, jóvenes o viejos, creyentes o ateos, sabios, obreros, comerciantes y otros muchos han hallado un nuevo significado de su vida; por medio de ella en los cuatro rincones de la tierra, chinos, japoneses, congoleses, franceses, bolivianos o indonesios siguen descubriendo la razón de su existencia en este mundo.
>
> Nosotros deseamos que desde el momento en que Ud.

abra este libro único en el mundo, que ahora le pertenece, encuentre su magnífico secreto y pueda pasar a formar parte de la gran familia de aquellos que la Biblia ha conducido hasta Dios."

Sólo la Biblia tiene la solución adecuada, el mensaje oportuno para nuestra sociedad. Los evangélicos debemos volver a la Biblia como fuente de toda verdad.

En pleno siglo XX desechamos muchas veces la Biblia por creer que está científicamente anticuada y que es algo llegado hasta nosotros de los baúles de la historia. La gente se deja seducir por cualquier lectura muerta y superficial antes que por la lectura viva de la Biblia, y le entran más por los ojos los colorines de las ilustraciones baratas que el negro serio de la Palabra de Dios que penetra hasta el alma.

Como dijera Miguel de Unamuno:

> "Podremos mejorar la condición económica del hombre, hacer que la gente se enriquezca; pero queda la falta de espiritualidad, que es sequedad y pobreza de vida interior que no anhela otra vida trascendente (eterna)."

Por ello es importante que hagamos notar, para aquellos que temen no entender la lectura de la Biblia, que es el documento universal más inteligible, sencillo y fácil de entender que existe, ya que surgió de la antigua Fértil Media Luna, a través de la cual pasaron más influencias culturales y surgieron más pensamientos que en cualquier otro lugar de la historia del mundo.

Asimismo, pueblos tan distintos y primitivos como la tribu Rade en el Vietnam y los Fullami del África Occidental pueden verse claramente reflejados en el espejo de la Biblia.

Si existe algún problema al tratar de comprender la Biblia, en realidad es un problema del 'hombre occidental moderno' que pertenece a una sociedad 'trastocada por la técnica'.

Si la Biblia le parece extraña al hombre de hoy no debemos olvidar, que también hoy es cuando tenemos a nuestro alcance más recursos que nunca en la historia para comprender el panorama y el ambiente de aquellos tiempos.

Hay que repetir que la ciencia de hoy ha impregnado la mente de gente con un humanismo ateo, que niega a Dios y endiosa al hombre. Y como ustedes saben, el humanismo nace en el Edén con la pretensión de *"ser como Dios"*, engañados por el diablo.

De allí hemos heredado tantas teorías malsanas, como ésta a la que se refiere Unamuno:

> "¿Qué buscan en Darwin los obreros que a Darwin leen? ¿Ciencia? Creo que no. Buscan anti cristianismo… buscan pruebas de que descienden del mono - procedencia que parece halagarles."

Bueno, ¡hasta ahora, no se ha visto a ningún mono tomando mate y leyendo el Martín Fierro!…así que, por el momento no vamos a detenernos en esta teoría tan ridícula aunque tan de moda.

El hombre de hoy es víctima de una filosofía existencial que lo hace correr y esforzarse para llegar al fantasma del éxito, del hombre o la mujer '10' o perfecto. Si miramos detrás de la 'máscara del éxito' descubrimos que vive sin fe, vive sin el espíritu de la Palabra de Dios.

Por supuesto que con sólo quererlo no lo lograría porque para enriquecerse con el contacto de un libro como la Biblia, que trata de cosas espirituales e invisibles primero, hay que creer en la realidad de tales cosas; segundo, uno debe ser bautizado con el Espíritu Santo.

En el primero *"porque sin fe es imposible agradar a Dios"*, y en el segundo, porque Dios es Espíritu. Además, uno debe estar dispuesto a recibir instrucción y a saber discernir cuando el Espíritu le habla - privilegio solamente de aquellos que *"son templo del Espíritu Santo"*.

Dios se revela a los corazones que le buscan con sinceridad y va hacia aquellos que lo hacen con perseverancia. Venimos a Cristo de la mano del Padre - *"ninguno puede venir a mí si el Padre no le trajere"*- y grandes sabios como Copérnico, Pascal, Newton, Bacon, Ampere, Faraday, Pasteur y otros vivían en esta fe.

Un escritor dijo: "Yo no puedo decir que creo en Dios, es que le veo, y sin El no entendería nada."

Curiosamente, y a su modo, un árabe analfabeto podía significar lo mismo cuando afirmó:

> "Estoy seguro de que hay Dios, de la misma manera que puedo decir, según las huellas que veo en la arena, sé que es un hombre o un animal el que ha pasado."

O como decía Goethe:

> "Cuanto más suben los siglos en la escala de la cultura, más usarán la Biblia los hombres verdaderamente sabios;

en parte como base, en parte como instrumento de educación...Cada nueva generación renovará su juventud en la Biblia, y la piedra de toque donde se revele la vida y la fuerza de una nación será siempre su actitud hacia la Biblia."

Bueno, ustedes ya sabrán que en nuestro país Sarmiento dejó palabras parecidas acerca del valor de leer la Biblia, y que aquí, vivieron hombres como William C. Morris, educador y filántropo que hicieron sentir la presencia evangélica en nuestro medio.

Con esto creo que ya tenemos suficiente introducción, y podemos entrar un poco más en materia.

1

Paso a paso por la Biblia

Antiguo y Nuevo Testamento

La Biblia se divide en dos grandes partes llamadas Antiguo y Nuevo Testamento. La palabra testamento significa pacto o alianza. Esto nos revela a Dios escogiendo un pueblo, Israel, para preparar la venida de nuestro Salvador.

El Antiguo y Nuevo Testamento subsisten o caen juntos. No se puede aceptar el nuevo y rechazar el antiguo. En sus innumerables tipos o figuras, en sus 'sombras de cosas mejores', en sus promesas, el Antiguo Testamento nos hace - por así decirlo - presentir el Nuevo. Sin él no habría conclusión ni cumplimiento. A su vez el Nuevo, separado del Antiguo, no tendría base ni sostén.

Tanto Jesucristo como los apóstoles citan

constantemente al Antiguo Testamento como la palabra de Dios. En muchos de sus escritos leemos frases cómo *"y estas cosas acontecieron para que se cumplan las Escrituras"* o bien *"como está escrito"* o aún *"como dice la Escritura."*

Las dos partes están tan íntimamente ligadas como la mano derecha lo está de la izquierda; forman un conjunto viviente donde el mismo Jesucristo es el centro vital.

Jesucristo es el tema de los escritores del Antiguo Testamento y Nuevo Testamento. Los anima el mismo Espíritu a través de los siglos en que se confeccionó. El Espíritu Santo es él que habla en sus páginas, aun cuando expone y hasta juzga abiertamente los pecados de los pueblos, de las familias o de los individuos.

La Biblia nos habla del hombre, de todos los hombres (en sentido genérico). Nos dice cómo es, descubre nuestro corazón, tanto el corazón de los mejores como el de los peores; de los que aman y de los que odian, de los que codician y de los que sufren. Desde un principio nos habla de ese mal llamado pecado que nos corrompe como un cáncer. No encontramos en sus páginas a un hombre imaginario, tampoco al hombre ideal que nos presentan los humanistas y los moralistas.

La Biblia nos presenta al hombre de todos los días, aquel que queremos evitar, pero que se esconde dentro de nosotros. Poniendo el dedo en la llaga proclama abiertamente aquello que nosotros tratamos de silenciar. El hombre descripto en la Biblia no es un hombre sin faltas: es real y pecador.

La diversidad de la Biblia

Otra cosa que sorprende al lector de la Biblia es su diversidad. El mismo libro contiene a la vez himnos y oraciones (Los Salmos), historias (las parábolas de Jesús), teología histórica (el reinado de David, el proceso de Jesús), un canto de amor (el Cantar de los Cantares), consejos y reflexiones morales (los Proverbios), también reflexiones filosóficas (Eclesiastés), leyes jurídicas (en el Éxodo o Deuteronomio) o leyes religiosas (Levítico), profecías (Isaías, Jeremías) etc.

¡Qué gran diversidad de situaciones tienen lugar entre sus personajes! David destruyó a los filisteos, Jeremías asistió a la agonía de Jerusalén, Pablo vivió en los tiempos del Imperio Romano. ¡Cuántos viajes podemos realizar a través de toda la Biblia! Ezequiel nos lleva a Babilonia donde se encuentran los israelitas desterrados. Job conocía perfectamente Egipto, Abraham venia del norte de Mesopotamia.

Más sorprendente es mirar la cantidad de civilizaciones que desfilan ante nosotros: la lejana Persia, Roma con sus leyes y legiones, las desventuras de José nos conducen a las mismas pirámides, Pablo habla ante la acrópolis de Atenas, cuna de la filosofía griega.

Todo esto nos va dando hasta un vistazo general 'a vuelo de pájaro', acerca de la Biblia. Como si, por ejemplo, a bordo de una avioneta sobrevoláramos nuestra ciudad. Adquiriríamos de esa manera un panorama general y de ubicación. Pero no podríamos detenernos en particularidades. Yo no podría decir a mis acompañantes: "¡miren el color de las persianas de la casa de Jorge!" Eso sería imposible. Lo que sí podría hacer, tal vez, con un buen sentido de orientación, es señalar hacia abajo y decir: "¡en aquella zona está la casa de Jorge!"

¿Qué queremos decir? Todo estudiante de la Biblia debe tener un conocimiento general del libro antes de pretender estudiar los temas en particular. El panorama general me ayuda a ubicar correctamente cada verdad en su contexto adecuado.

La falta de este conocimiento hoy en día es lamentable. Algunos pretenden estudiar la doctrina Bíblica y no saben siquiera cuántos libros tiene la Biblia.

Si tienes un panorama general, histórico, geográfico y cultural te será muy sencillo estudiar los grandes temas doctrinales de la Biblia.

Muchas veces vemos con dolor, que muchos hermanos sinceros en sus propósitos pero sin preparación alguna, le hacen decir a la Biblia cualquier barbaridad; y sin querer, las iglesias van adoptando doctrinas 'made in casa' pero no tomadas de la correcta interpretación de la Biblia.

Pueden ustedes llamarlos como quieran: predicadores 'truchos', que no son genuinos, o muchas veces, oportunistas que buscan hacerse ver hablando de lo que no saben, y otros aprovechándose de la buena fe de la gente.

¿Pero por qué sucede esto? A veces porque en las iglesias que recién nacen hay falta de obreros preparados; por otra parte, en los últimos años la iglesia evangélica ha crecido en forma tan acelerada que es imposible, a veces, para los pastores, poder gobernar tanta gente que llega a las iglesias con hábitos y costumbres malsanas.

Gracias a Dios que nosotros tenemos la oportunidad de prepararnos estudiando las Escrituras. No es por casualidad el que deseas estudiar más. Vas a ser usado por el Señor para guardar la pureza de la fe cristiana en el lugar donde Jesucristo te ha puesto.

Cuando hacemos estas apreciaciones no estamos juzgando, sino que, como la hacía el apóstol Pablo, lo hacemos con el ánimo de mejorar, de marchar hacia la excelencia, de colaborar para que el cuerpo de Cristo sea cada vez más consagrado a la verdad y a la obediencia; y por supuesto, si queremos esto, es ineludible que cada uno de nosotros le diga al Espíritu Santo: "Comienza por mí, Señor."

¿Qué es la Biblia?

Vamos a la pregunta básica ¿Qué es la Biblia? y esto es sumamente importante para cada cristiano. ¿Pueden las investigaciones más recientes darnos una definición más perfecta de la Biblia? Sin duda que no podemos hacer nosotros una definición filosófica, ya que la misma filosofía, además de explicarse a sí misma, por sus causas, una a una, se plantea formalmente el problema de su propia definición y la verdad es que no consigue nada satisfactorio.

Un eminente hombre de ciencia, Tomás Huxley que no era cristiano dijo:

> "Considerad el hecho grandioso de que durante tres siglos este libro se ha entretejido con lo más noble y mejor de nuestra historia, y ha venido a ser la épica nacional de nuestra raza...abunda en pasajes de exquisita

hermosura, aún en su forma literaria, y finalmente impide con eficacia que el gañán indocto que jamás ha salido del recinto de su aldea nativa, quede en la ignorancia de la existencia de otros países y otras civilizaciones y de un pasado grandioso que se extiende hasta los límites más lejanos de los países más antiguos del mundo…La Biblia ha sido la Carta Magna de las libertades de los pobres y de los oprimidos. Hasta los tiempos modernos ningún Estado ha tenido una constitución civil en que los intereses del pueblo ocupen un lugar tan preeminente…En ninguna parte se asienta con tanto énfasis el hecho de que el bienestar del Estado depende, al fin y al cabo, de la vida justa del ciudadano. La Biblia es el Libro más democrático del mundo."

La Biblia saltó del plano nacional de Israel al plano mundial y hoy podemos decir que es el libro del mundo porque se convierte en derecho y propiedad de todos los pueblos y de cada uno en particular.

La Biblia se dirige al individuo, habla a la familia, diciendo al padre y la madre y a los hijos lo que debe ser el hogar e igualmente a la sociedad, tratando de los deberes de las clases sociales, elevando las relaciones humanas, sembrando el amor y el respeto y condenando el odio y la injusticia.

Las Sagradas Escrituras fueron anteriores a cualquier concepto protestante o católico y naturalmente a cualquier línea de teología.

Conviene, por tanto remarcar algo de lo mucho que es y significa este libro de Dios, del que W.H. Griffith Thomas dice: "La Biblia no se menciona en el Catecismo como un medio de gracia, porque todo el Catecismo se basa en la

Palabra de Dios."

Esta frase: "Palabra de Dios" se aplica en el Antiguo Testamento tanto a las revelaciones individuales como a las palabras de los profetas, cada mensaje de los cuales era recibido como "palabra de Dios" o "del Señor" y también a la totalidad de la revelación verbal de Dios a Israel.

Así en el Salmo 119 "la ley de Jehová" "tu Palabra" "tus mandamientos" "tus estatutos" "tus testimonios" etc. es sinónimo de la "ley" ("torah" o instrucción).

Además, el famoso mártir de la traducción de la Biblia, John Wycliffe, habla de las Escrituras como 'infalible'. La cualidad de infalible significa que nunca decepciona, ni equivoca, ni engaña, por lo que la Biblia es de total confianza y fidelidad.

Definiciones de la Biblia:

1- La Biblia es el conjunto de libros escritos por los autores sagrados, inspirados por Dios para revelar Su voluntad al hombre y dados a la iglesia por el Espíritu Santo como Palabra de Dios.

2- La Biblia es el libro que registra el hecho de Jesucristo.

3- La Biblia es el libro que registra la revelación de Dios al hombre.

La veracidad de la Biblia

A continuación ampliaremos un poco el tema de la infalibilidad de las Escrituras. Si la Biblia es digna de total confianza y fidelidad, lo que estamos queriendo expresar es la convicción, de que toda su enseñanza es la enseñanza de Dios, que no puede mentir. Como lo refiere San Pablo en su epístola a Tito: *"La esperanza de la vida eterna, la cual Dios, que no miente, prometió desde antes del principio de los siglos."*

Lo que dice la Escritura hay que recibirlo como palabra infalible de Dios y cuando confesamos esto, declaramos nuestra fe en el origen divino del Libro que amamos y en la veracidad y fidelidad de Dios mismo; lo cual no significa que aceptemos la infalibilidad de cualquier interpretación o intérprete del texto bíblico.

Si hay algo que siempre debemos tener en cuenta como cristianos es que la Biblia interpreta a la Biblia. ¡Sí! Las mismas preguntas que nos hacemos al ir recorriendo sus páginas, si analizamos con cuidado y detenidamente, hallaremos sobrecogidos de sorpresa, que gradualmente nos vamos encontrando con las respuestas, una a una, como regalos preparados por el Espíritu Santo para nosotros. Sólo el cristiano perezoso no encuentra la respuesta a sus inquietudes en la Biblia.

El cristiano diligente, siempre estará explorando nuevos campos, adentrándose en los misterios sagrados reservados sólo para los que buscan *"con hambre y sed de justicia."*

Cuando Jesús dijo: *"Escudriñad las Escrituras"* todos los judíos entendieron lo que quería decir. Había otros escritos en griego, hebreo y latín pero solamente las Escrituras, la Palabra de Dios era la biblioteca santa y con autoridad celestial.

Allí, ellos podían seguir su historia desde los tiempos de Moisés hasta el Cristo. Por ejemplo, en Éxodo 17:14 los judíos pedían leer: *"y Jehová dijo a Moisés: escribe esto para memoria en un libro."* Más adelante en el libro de Deuteronomio 31:9 podrían encontrar estas palabras *"y escribió Moisés esta ley y la dio a los sacerdotes hijos de Leví que llevaban el arca del Pacto de Jehová y a todos los ancianos de Israel."*

Luego cuando aquel libro fue colocado en el arca (v.26) sirvió de guía al pueblo de Israel y Dios mismo habló con Josué encargándole que se esforzara y fuera valiente, y que se cuidara de hacer conforme a toda la ley que Moisés dejó, sin apartarse a derecha ni a izquierda añadiendo esto: *"Nunca se apartará de tu boca este libro de la ley, sino que de día y de noche meditarás en él para que guardes y hagas conforme a todo lo que en él está escrito"* Josué 1:8.

Es muy probable que el libro que leyera Josué fuese el mismo que Moisés escribiera, pero quién sabe si también se hicieron copias de él. El mismo libro, o una copia de él fue hallado unos mil años después durante el reinado de Josías y *"dijo el sumo sacerdote Hilcías al escriba Safán: He hallado el libro de la ley en la casa de Jehová. E Hilcías dio el libro a Safán y lo leyó."* (II Reyes 22:8).

Si avanzamos hasta Esdras lo encontramos de nuevo en manos del profeta en el púlpito de madera, al aire libre, leyéndolo y explicándolo al pueblo en el lenguaje de entonces.

De Josué a Josías pasaron unos mil años, de Hilcías a Esdras unos 175 años. Si hoy en día nosotros tenemos en nuestras propias bibliotecas libros de varios siglos de existencia, con mayor razón, en aquellos tiempos podrían conservarse manuscritos de padres a hijos con celo y devoción.

Ante todo lo anteriormente expuesto bien creo que podemos intentar responder a la pregunta básica: ¿Qué es la Biblia? Para ello vamos a resumir la respuesta en tres pasos:

1- Y diremos en primer lugar, que la Biblia es literatura escrita por mandato de Dios.

Esto es sumamente importante, especialmente para responder a aquellos que alegan diciendo que la Biblia es sólo una recopilación de "sabiduría y experiencias de la humanidad" a través de los siglos.

De ninguna manera es esto así. La Biblia no es tampoco el resultado de la inspiración de algún "iluminado", al estilo de José Smith que se levanta un día cualquiera pretendiendo haber visto ángeles y visiones y toda una revelación de un día para el otro y arrogándose la autoridad de poner sus escritos al nivel de la autoridad de la Biblia.

Muy por el contrario, nuestro Padre Celestial es respetuoso de las criaturas que con tanto amor ha creado. A través de toda la historia humana vamos a ver algo notable. Y aquí hay un concepto que ustedes deberán anotar con cuidado porque es un punto clave en la comprensión del trato de Dios con el hombre.

¿A qué me refiero? A que siempre desde el principio, la revelación de Dios al hombre es una revelación progresiva. Y aunque más adelante hablaremos del proceso de la revelación, no quiero dejarles con el bocado sin masticar, aunque sea brevemente por el momento.

¿Qué quiere decir revelación progresiva? Que Dios se va revelando paso a paso, gradualmente. Podemos decir, por ejemplo, que Abraham sabía menos de Dios y del Espíritu Santo que el Rey David, y que David no tenía toda la revelación a la que llegó Isaías, que hasta pudo 'ver' en un sentido, la obra redentora de Cristo, según nos relata en el capítulo 53 de su libro.

Y todo esto hasta llegar a la culminación de la revelación en la persona misma de Cristo.

Moisés recibió la orden de escribir de igual modo que la que recibiera - en la isla de Patmos- el apóstol San Juan, con aquellas palabras del ángel: *"Escribe en un libro lo que ves y envíalo a las siete iglesias que están en Asia."*

2- En segundo lugar, la Biblia es literatura escrita por mandato de Dios bajo la dirección de Dios. Mira lo que dice San Pedro en su segunda epístola en 1:21: *"Nunca la profecía fue traída por voluntad humana sino que los santos hombres de Dios hablaron siendo inspirados por el Espíritu Santo".*

Así que es el Espíritu Santo él que mueve al escritor a expresar su mensaje y comunicarlo.

3- Y por último, la Biblia es literatura escrita por mandato de Dios, bajo la dirección de Dios y preservada por Dios mismo.

Él mandó que se conservara en el arca, de donde pasó al templo y luego a las sinagogas, para difundirse, finalmente en el seno de toda la iglesia cristiana.

¿Qué es la Biblia? La Biblia es literatura escrita por mandato de Dios, bajo la dirección de Dios y preservada por Dios mismo.

¿Cuántas Biblias hay?

Ante todo esto no podemos ignorar una pregunta muy importante que generalmente se hace la mayoría de la gente. ¿Cuántas Biblias hay? Y si hay más de una, ¿cuál es la verdadera?

Lo llamativo de la Sagradas Escrituras reside principalmente en el hecho de que es el único libro del mundo que nos dice y nos asegura dos grandes realidades de la mayor importancia para nuestras vidas:

a) Dios se revela con amor. (Juan 3:16).

b) Y Dios provee, por medio de Cristo, para nuestra completa liberación del pecado.

Ahora también, que nos quede claro: No hay más que una sola Biblia. Existe un solo libro de Dios que el profeta llamaba en su tiempo "el libro de Jehová", el que se completó con los libros del Nuevo Testamento una vez cumplida la obra redentora de Cristo.

¿Es que acaso querría Dios confundir al hombre cuando quiere que su mensaje sea diáfano y único? ¿Les parece que podría Dios haber entregado a la humanidad dos libros para que no sepamos con cuál quedarnos?

Sin embargo, seguramente que todos nosotros hemos oído y leído lo de "biblias falsas", "Biblias Católicas, "Biblias Protestantes" o lo que es peor "otros libros" posteriores a la Biblia tal cual la conocemos y como la aceptaron los Padres de la Iglesia.

Como si la Biblia hubiese estado incompleta, surgieron algunos visionarios al final del siglo IXX y comienzos del XX que quisieron ayudar a 'completarla'. Un ejemplo de ello es el libro del Mormón y los escritos de Russell, fundador de los testigos de Jehová. Y en este último siglo podríamos hacer una larga lista de todas las sectas falsas que pretenden que sus escritos están a la misma altura de la Biblia en cuanto a autoridad divina.

Todo esto ya estaba predicho en las Escrituras como lo declara II Pedro 2:1-22.

"Pero hubo también falsos profetas entre el pueblo, como habrá entre vosotros falsos maestros, que introducirán encubiertamente herejías destructoras, y aun negaran al Señor que los rescató, atrayendo sobre si mismos destrucción repentina. (v.1).

Y muchos seguirán sus disoluciones, por causa de los cuales el camino de la verdad será blasfemado..." (v.2).

Y podríamos seguir hasta el versículo 22 pues todo el capítulo es una descripción del peligro que estos 'iluminados' representan para la iglesia.

Aun hoy, en el seno de nuestras iglesias, muchas veces vemos con dolor, iglesias divididas y también heridas por supuestos 'profetas del Señor' que sin ajustarse a la autoridad de la Biblia, pretenden pasar por sobre el pastor o las autoridades de la iglesia diciendo que Dios los ha mandado.

La primera señal de un profeta es su adecuación a las Escrituras y, como consecuencia, obediencia a sus pastores -siendo su ministerio uno de edificación para el cuerpo de Cristo, nunca de confusión o división. Por ello no nos cansamos de repetir la importancia del estudio serio de la Biblia. Cristianos preparados en las Escrituras y sumisos son una garantía para la Iglesia y una ayuda para el Pastor.

Hoy más que nunca debemos tomar conciencia del peligro que corre la Iglesia y de todas las doctrinas falsas y aún ideologías que quieren infiltrarse dentro del cuerpo, vestidas de 'cristianas'.

¿Quiénes serán los guardianes de la verdad del evangelio? Sólo los cristianos preparados. Aquellos que están dispuestos a pagar el precio en el trabajo y en el esfuerzo para ser *"obreros aprobados que no tienen de qué avergonzarse",* como dice San Pablo. ¿Serás tú esta clase de obrero, que sabe lo que cree y por qué lo cree?

Volviendo al tema de los distintos tipos de Biblias, es necesario que nosotros sepamos lo que de verdad hay en ella.

Lo primero que debemos saber es que si afirmamos que la Biblia es Católica, con ello damos razón a los Católicos, y si afirmamos que es evangélica con ello damos razón a los evangélicos.

Pero tengo una gran novedad para ti: afortunadamente para impedir el orgullo o rivalidad humana, la Biblia se presenta como divina, con todas sus pruebas, y cualquier persona que se ponga al lado de la Biblia tiene siempre la verdad - independiente del credo al que pertenece - porque su verdad es inconmovible. Bien dijo Jesús: *"Tu Palabra, oh Padre, es verdad"*.

Al respecto, comenta Fray Luis de León:

> "Notoria cosa es que las Escrituras que llamamos sagradas las inspiró Dios a los profetas que las escribieron para que nos fuesen, en los trabajos de esta vida, consuelo, y en las tinieblas y errores de ella, clara y fiel luz y para que en las llagas que hacen en nuestra alma la pasión y el pecado, allí como en una oficina general, tuviese para cada una propio y saludable remedio."

¡Cuánto le debemos a Dios por su Palabra! Cuántas veces nos ha levantado del pozo, ¿verdad? Cómo corremos a ella tantas veces para encontrar el auxilio que necesitamos.

Ella sana nuestras heridas con el suave aceite del amor. Cuántos de nosotros estaríamos hoy perdidos si no fuera por sus dulces consejos. Yo te invito que hoy des gracias al Padre por el don, regalo inmerecido y privilegio a la vez de tener este precioso libro.

2
El contexto oriental de la Biblia

Hasta aquí hemos venido analizando la importancia de la Biblia como la revelación de Dios al hombre. Y nos hemos detenido a responder la pregunta: ¿Qué es la Biblia?

Ahora procederemos a dar otro paso de suma importancia, pues trataremos de introducirnos en el contexto cultural y social en que se escribió la Biblia. Y todo esto con el propósito de obtener un conocimiento general adecuado que nos permita una interpretación objetiva, sana y por sobre todo clara del mensaje divino.

Antesala Sobrenatural

Lo primero que vamos a considerar es, que para la gente escéptica, que nunca falta, y que alardean diciendo que la época de los milagros ha pasado, nos basta responderles que una rápida ojeada a la historia corta del moderno Israel convencerá al más escéptico de que Dios todavía está dirigiendo los asuntos de este mundo.

Conocemos que Dios tiene un propósito en la vida de su pueblo elegido - que aunque permitió la dispersión de Israel entre las naciones durante unos 19 siglos por su propia incredulidad - también Dios ha cumplido Sus palabras proféticas y los ha dirigido nuevamente a la posesión actual de parte de su antigua patria, en un claro cumplimiento de lo expresado en el libro de Amós:

"Y traeré del cautiverio a mi pueblo Israel, y edificarán ellos las ciudad des asoladas, y las habitarán, plantarán viñas, y beberán el vino de ellas, y harán huertos, y comerán el fruto de ellos. Pues los plantaré sobre su tierra y nunca más serán arrancados de su tierra que yo les di, ha dicho Jehová, Dios tuyo."

¿Qué más grande milagro que éste - y en nuestro propio siglo - para mostrar que Dios es soberano y maneja los hilos invisibles de la historia humana?

Notemos lo que dice la declaración de la Independencia:

> "El Estado de Israel... mantendrá completa igualdad en los derechos sociales y políticos de todos los ciudadanos, sin distinción de credo, raza o sexo. Garantizará la libertad de religión y de conciencia, de lengua, educación y cultura y salvaguardará los santos lugares de todas las religiones."

Sabemos que el 90% de los que viven en Israel son judíos y sólo el 50% son cristianos, incluyendo unos 15.000 a 20.000 protestantes que viven allí. La realidad hoy es que la evangelización entre los judíos es una tarea muy dura, pero cada vez en mayor número los judíos están volviendo a la Biblia para buscar respuestas a los problemas de sus propias vidas, y muchos encuentran nueva esperanza y significado para sus vidas en la seguridad que leen en las palabras proféticas de Isaías 45:17: *"Israel será salvo en Jehová con salvación eterna; no os avergonzaréis ni os afrentaréis, por todos los siglos."*

El protagonismo de Palestina en la Biblia y en la historia

Palestina tuvo que ser punto de confluencia de las seis más grandes civilizaciones antiguas. Y se consideran como tales las de Egipto, Mesopotamia, el Valle del Indo, los Urritas, los Hititas y Creta, representando a la civilización mediterránea. Sabemos que los tres grandes ríos del oriente, el Nilo, el Tigris-Éufrates y el Indo dieron origen a tres grandes culturas.

La cultura babilónica irrumpió tan fuertemente sobre Palestina que ésta se convirtió pura y simplemente en una provincia de cultura babilónica. Sin embargo también fue una provincia egipcia, pues por Palestina se pasearon los ejércitos egipcios en dirección al Éufrates y los ejércitos asirios en dirección al Nilo. Precisamente en el suelo de Palestina es donde la historia registra el choque de ambas culturas que llegaron luego a equilibrarse. Por ejemplo, en un espacio tan reducido como la Palestina y la Fenicia, además de la escritura oficial cuneiforme, se emplearon dos alfabetos, según las dos zonas de influencia: hacia el sur donde predominaba la influencia egipcia - se escribía sobre papiros en un alfabeto de influencia egipcia. Hacia el norte, en Ugarit, donde predominaba la influencia mesopotámica se escribía sobre tablillas con signos que imitaban las cuñas mesopotámicas. Más adelante veremos con más profundidad el desarrollo de la escritura.

Por ahora debemos destacar la importancia del papel que representa Israel dentro de la historia universal, siendo objeto fundamental de estudio bíblico y teológico - de allí la necesidad de que todo estudiante serio de la Biblia se esfuerce en conocerla, cuanto más en virtud de que la historia de este pueblo es la que da sentido a la historia de toda la humanidad.

A través de la lectura del Antiguo Testamento nosotros podemos contemplar como Palestina estaba destinada a reunir a todos los hombres o al menos a la mayoría, en el monoteísmo preparando el camino para la venida del Hijo de Dios. La Biblia habrá de irse imponiendo como el libro más leído del mundo, como el libro de la humanidad y la luz de la moral profética y evangélica que irradiaría hacia oriente y occidente para iluminar los pasos de los hombres en este planeta.

Ahora bien, cuando nos encontramos con la tan común pregunta: ¿Es Dios el mismo de todas las religiones? surge inmediatamente la comparación entre el judaísmo, el cristianismo y las otras religiones y frecuentemente se nos objeta que la Biblia es un libro 'sagrado' como cualquier otro libro de las religiones orientales.

La Biblia vio la luz en Palestina y por ello nos habla principalmente de ese país. Por ello conviene mirar de vez en cuando, en un mapa que nos sitúe en aquel rincón del mundo. Como ya dijimos, Palestina fue ante todo un lugar de paso que todas las grandes potencias, a través de los siglos, no han cesado de codiciar, y en la actualidad se la disputan árabes e israelíes, mientras las agrupaciones políticas del oriente y del occidente velan por sus intereses y por la paz del mundo. Palestina, tierra prometida, o Canaán, como la llama la Biblia, aunque pequeña, sigue siendo centro de la historia del mundo; basta ver el papel preponderante que ejerció su presencia en el reciente conflicto bélico desatado por Irak en el medio oriente.

¿Libros sagrados?

El tema de que los libros orientales son tan buenos como la Biblia no puede sostenerse.

Estos llamados sagrados libros son cinco en número:

1) los Vedas, de los Brahmanes o Hindúes

2) el Zend-Avesta, de los Parsis o seguidores de Zoroastro

3) el Rey, o textos de Confucio, de los chinos

4) el Tripitaka, o tres colecciones de los escritos de Buda

5) el Korán, código del Islam o de los mahometanos.

El Brahman es la casta superior del sistema del hinduismo y Veda es una palabra sánscrita que significa "sabiduría" o "ciencia sagrada". Esos escritos están compuestas por cuatro colecciones de himnos y versos destacados con fórmulas de sacrificio (Rik-veda, Sama-Veda, Yajur-Veda, Atar-Veda).

Para los Parsis, Zend significa "comentario" y Avesta "texto". Representa los comentarios de los escritos originales de Zoroastro, el célebre sabio de la antigua Persia, supuesto fundador o reformador de la religión incorporada en el Zend-Avesta.

Confucio, el célebre sabio y maestro moral de la China, formuló su regla de oro en forma negativa diciendo "lo que no desees que te hagan a ti, no lo hagas a los otros" y más adelante siguió enseñando a sus seguidores a "recompensar la injuria con la justicia y a devolver bien por bien". Aunque él mismo confesó: "yo soy un hombre que ansía encontrar sabiduría", la ley China exige que se levante un templo a Confucio en cada distrito y en cada pueblo que tenga mercado en todo el imperio.

La palabra buda significa en sánscrito "el iluminado" y según nos cuenta el Dr. Ogilvie, "la historia del budismo está sobrecargada con una masa de leyendas extravagantes e increíbles", así que no vamos a entrar a explicar quién era Buda pero nos basta decir que los escritos acerca de él, o sea el Tripitaka significan "cesta triple o tres colecciones" que comprenden: 1) El Vimaya, reglas de disciplina; 2) Sutra, preceptos y diálogos sobre la conducta moral; 3) Abbi -Darma, que contienen preceptos tradicionales y además explicaciones.

En cuanto al Korán, o código de los mahometanos, el célebre profeta de Arabia, nacido en La Meca, se presentó como sucesor de Abraham, Moisés y de Cristo, añadiendo que era el más grande de ellos. La esencia de su doctrina se basa en las palabras: "No hay más Dios que Alá y Mahoma es su Profeta." Pero por desgracia, Mahoma fue muy distinto a Cristo, tan distinto como es el Korán de la Biblia.

Así que todos estos libros del oriente mal llamados

'sagrados' han sido traducidos a escala muy reducida y pueden encontrarse en ciertas bibliotecas de importancia en el mundo, pero su comparación con la Biblia es verdaderamente pobre; la Biblia ha sido traducida a más de 1300 idiomas y sus ejemplares corren a millares por el mundo, mediante el trabajo de la Sociedades Bíblicas, impulsadas, sin género de duda, por la acción reveladora del Espíritu Santo.

Si nos preguntásemos ahora ¿Qué es la Biblia? podremos responder de modo categórico que es el libro sagrado de la religión cristiana (y en parte del judaísmo) pero que no puede de modo alguno compararse con los otros libros llamados 'sagrados' o 'religiosos' del oriente.

El origen de la escritura y su relación con la Biblia

Una preocupación de tipo técnica que suele suceder frecuentemente es la de preguntarse cómo habrán sido escrito aquellos primeros libros en tiempos tan remotos; si fueron impresos o manuscritos, si se escribió en papel o en otro material y en definitiva, retrocediendo a los orígenes de la Biblia, ¿cómo empezó la escritura?

En tiempos de Voltaire (Francia, Siglo XVIII) no se admitía que la escritura tuviese la antigüedad que realmente tiene, a pesar de que se conocían monumentos y tumbas con inscripciones extrañas que entonces no habían sido descifradas.

Hoy los eruditos leen inscripciones que se remontan a más de 1000 años antes de Moisés y afirman que éste pudo fácilmente aprender aquella escritura en las regiones de Madián y del Sinaí donde pasó 40 años.

También se decía antes que los fenicios, aproximadamente 700 AC, transmitieron a los griegos el alfabeto inventado por ellos y que los griegos lo pasaron a generaciones sucesivas.

Hoy se dice que los fenicios no inventaron nada y que lo recibieron de otro pueblo que tenía alfabeto, los israelitas, según las demostraciones de la arqueología.

Es notable que no sólo en las formas sino los nombres de la mayoría de las letras griegas dejan ver su origen semítico. Las letras alfa, beta, gamma, delta etc. nada significan en griego; pero los nombres semitas que encierran (alef, beth gimel, daleth, etc.) significan buey, casa, estaca, puerta, etc.

El investigador M. Ilin cuenta que los escitas, que en lejanos tiempos habitaron el sur de Rusia, mandaron una vez a los persas una carta que consistía en un pájaro, un ratón, una rana y cinco flechas. Esto quería decir: "¡Persas, si no podéis volar como los pájaros, escondeos bajo tierra como los ratones o saltad al agua como las ranas, pues vamos a mataros a flechazos!"

En algún momento de la historia los hombres dibujaron para representar las cosas que veían o sentían, como por ejemplo las cartas en imágenes que encontramos en las cavernas primitivas. Mamuts, caballos, bisontes, peces, pájaros, aparecían en sus viviendas y a veces hasta coloreados, como es el caso de los existentes en la famosa cueva de Altamira (Santander) en España.

En forma equivalente podemos referirnos a las figuras

que cubrían las paredes de pirámides y templos, también de famosos monumentos y que preocuparon a los sabios por muchísimos años.

Había signos fáciles de entender como las tareas domésticas o del campo etc. pero otros: búhos, halcones, gansos, cabezas de pájaros, escarabajos intercalados con triángulos, circunferencias, espirales etc. fueron absolutamente incomprensibles.

Este pueblo de los jeroglíficos misteriosos y que se asentó en el valle del Nilo, fue Egipto. Se dice que antes de inaugurarse la dinastía XVIII (1580 AC) Egipto fue gobernada por una raza misteriosa llamada hyksos, palabra que el historiador egipcio Manetho traduce por "reyes pastores" observando que: "algunos dicen que vinieron de Arabia" y que "dominaron Egipto por 511 años" cosa que parecen confirmar las excavaciones arqueológicas en Gerar.

Por las dificultades que ofrecía este sistema de jeroglíficos para escribir con rapidez, gradualmente se fue degenerando hasta dar lugar a una especie de escritura exclusiva de los sacerdotes, llamada por eso hierática, y luego a otra popular llamada por eso demótica. Mas, como en la época de la dinastía de los ptolomeos se puso de moda el griego que hablaban reyes y clases elevadas de Egipto, el idioma nacional fue cayendo en desuso hasta llegar con el tiempo a ser comprendida por muy pocos.

Pasando el tiempo y antes de terminar la dominación romana, desaparecen el hierático y el demótico para dar paso al copto o sea, el egipcio escrito con letras griegas, añadiéndose siete caracteres del demótico que no había en el griego.

Hoy se conocen cinco dialectos del copto: bohírico, sahídico, ajimímico, menfítico y fayímico.

El descubrimiento de la Piedra Rosetta

Ahora vamos al gran descubrimiento, en 1779 desembarcaron en las costas de Egipto los soldados de Napoleón y en una trinchera cerca de Rosetta encontraron una gran lápida en tres idiomas.

Luego de otros intentos Champollión, sabio francés que se había dedicado a los trabajos egipcios, descubrió que aquella "Piedra Rosetta", hoy tan famosa, presentaba los caracteres hieráticos, demóticos y griegos, y después de muchos años, en 1822 logró descifrar por comparación el misterio de los jeroglíficos. Esta piedra se encuentra hoy en el Museo Británico en Londres, Inglaterra.

En el antiguo Egipto se escribía unas veces de arriba hacia abajo, otras de izquierda a derecha y otras de derecha a izquierda. Precisamente los dos nombres que constituyen la clave para desentrañar el misterio: Cleopatra y Ptolomeo, están escritos el primero de arriba hacia abajo y el segundo de izquierda a derecha.

Champollión partió de su conocimiento del copto y pronto vio que la figura de la leona (en copto, labo) representaba la "L" en ambos nombres; la figura del águila (en copto, ahom) representaba la "A" de ambas nombres (en griego Ptolomeo es Ptolemaios) etc. Con estos descubrimientos pudo vencer después otras dificultades.

Los persas utilizaban, como sus vecinos los babilónicos, la mencionada escritura cuneiforme. Por medio de un punzón, imprimían los trazos en láminas de barro, trazos que tanto trabajo costó descifrar.

Se escribía con un estilo, en la palma de la mano y se hacía presión con él en la arcilla blanda hasta dejar la figura de cuña (cuneiforme viene de cuneus, cuña) unas sencillas, otras dobles, paralelas, encontradas en ángulos, etc. Así se formaron cerca de 600 signos distintos. Cuando estas tablillas se secaban "eran casi como piedra, el material de escritura más imperecedero que el hombre haya conocido."

Hoy en día tenemos cerca de un cuarto de millón de estas láminas de arcilla distribuidas por los museos, millares de las cuales pertenecen a un tiempo anterior a la época de los patriarcas.

El profesor S. Langdon, basándose en las tablillas de los archivos de Sumer y Accad, afirmó que la escritura se remonta a 1000 años antes de Abraham.

En Accad (Agade), ciudad fundada por Nimrod, dice la tradición, que fueron enterrados los escritos sagrados antes del diluvio. Allí se encontraron 60.000 tablillas, estelas y otros documentos escritos en cuneiforme.

En cuanto a la primera lengua que se habló una cosa es clara: que hasta el tiempo de Babel "toda la tierra era de una lengua."

Los libros de piedra anteriores a Abraham son muchos.

Veamos sólo algunos:

- La estela de Ur-engur de cinco metros de altura, (habla del rey de Ur, anterior en 200 o 300 años a Abraham que se encuentra en Filadeltia, EEUU).

- La estela de Naran-sin, nieto de sargón (relata sus victorias antes de Abraham) que se halla en el Louvre, Francia.

- El obelisco de Manishstusu, hijo de Sargón (bloque negro de diorita, de casi dos metros de altura), también en el Louvre.

Los sellos se usaban en Babilonia mucho antes del tiempo de Abraham y algunos se colgaban como una medalla, según Génesis 38:18,25; 41:42 etc.

Por todo ello, puede decir el arqueólogo Marsten a la vista de tablillas que tratan de matemáticas, aritmética, cánticos etc.: "Nos sorprendemos al pensar que además de leer y escribir, Abraham y Sara pudieron quedar perplejos ante los problemas de raíces cúbicas como los estudiantes de hoy."

Algunos eruditos en su prisa por demostrar que los Israelitas eran analfabetos, han olvidado las instrucciones para que escribieran cosas, pues ¿cómo podían escribir? Pero la contestación aplastante hoy sería: ¿Cómo podían escribir los mineros de Serabit en aquel tiempo? ¡Y lo hicieron! Podemos pues tener confianza en nuestra Biblia y aceptar lo que realmente significan las palabras de escribir en aquellos tiempos en Deuteronomio 6:4-9; 27:2-8; Josué 8:30-32 etc.

En Éxodo 2:23 leemos: *"...después de muchos días murió el rey de Egipto y los hijos de Israel suspiraron."* La cronología nos dice que este rey era Thotmes III que murió el año 1447 AC, unos 38 años después de escapar Moisés de Egipto.

Pero este rey había iniciado una serie de conquistas en Palestina y Siria, las cuales como su gran batalla de Meggiddo, en el norte de Palestina (1479 AC) quedaron registradas en jeroglíficos y hoy traducidas y publicadas.

Ahora bien: si en tiempos de Thotmes III se escribieron estos relatos, ¿por qué no pudo hacer Moisés lo mismo? ¿Quién escribió el libro que roció con sangre Moisés, según Hebreos 9:19? la palabra que encontramos en el texto griego es claramente "to biblion".

Tenemos otras indicaciones de que los israelitas o Moisés escribieron documentos sobre el altar, en planchas metálicas etc. en los libros de Éxodo, capítulos 17, 27 y 39; Números capítulo 32 y Deuteronomio capítulo 31.

Y sobre cómo se llevó a cabo encontramos estas palabras de P.J. Wiseman, en su libro "Nuevos Descubrimientos en Babilonia acerca del Génesis":

> "Ya apenas cabe duda de que el libro del Génesis fue escrito en tablillas, que estaban en uso en tiempos de Moisés.
>
> Los diez mandamientos fueron escritos sobre estas tablas de piedra, y de la misma manera que los babilonios: por ambos lados (léase Éxodo 32:15) El verbo hebreo escribir significa hendir o hundir, referencia al método primitivo de escritura."

Y esta afirmación de los eruditos Naville y Conder: "Moisés pudo perfectamente escribir en la escritura alfabética cuneiforme".

Materiales y técnicas en el uso de la escritura

Veamos ahora cómo se escribieron los libros sabiendo que cuando los hebreos salieron de Egipto abandonaron un país en el que la escritura se había practicado durante centenares de años y que cuando entraron en Canaán con Josué llegaron a un país que ya poseía literatura y escritura alfabética.

Son muchos los materiales que los hombres han empleado en todas partes del mundo para escribir: piedras, hojas, madera, metal, tela, barro, pieles, papiros, pergaminos, planchas de cera, papel, etc. Se dice que Mahoma escribió el Korán en paletillas de cordero y que en las asambleas de los antiguos griegos los votos se emitían, como los veredictos, en trozos de vasijas. En la India se escribieron libros enteros en hojas de palmera cortadas y doradas por sus cantos.

Tanto antes como ahora, cuando se quiere que un escrito perdure, se escribe sobre piedra o mármol. La biblioteca del rey asirio Asurbanipal, que descubrió en Nínive el sabio inglés Layard, contenía 30.000 ladrillos o planchas de arcilla escritas, como ya sabemos, con un punzón.

Desde una época remota se empleó la piel de los animales para escribir, y en Egipto se encuentran pruebas de esto que se remontan a unos cuatro mil años antes de Cristo. Era tradicional el uso de la piel para la ley hebrea y en el Talmud se dice que todas las copias han de hacerse sobre pieles de animales y en forma de rollo.

Esta norma rige aún y en la Biblia, desde luego, se encuentran referencias a ello, como el "rollo" de Jeremías que el rey Joacim destruye con el cuchillo que el escriba empleaba para raspar y enmendar, y lo echa al fuego (capítulo 36). Cuando Cristo entró en la sinagoga de Nazaret el libro que abrió fue simplemente un "rollo" (Lucas 4) y Sir Frederic Kenyon manifiesta que los ejemplares de la Ley que enviaron de Palestina a Egipto en el siglo III AC para hacer la traducción llamada Septuaginta iban escritos sobre pieles.

Pero el uso del papiro fue más extenso. Este material era originario de Egipto. En las tierras pantanosas del Nilo crecían en profusión unos arbolillos o hierbas muy rectas, con tallos lisos ramificados en la punta, que se llamaba papiro, de donde viene la voz "papier" en francés, "paper" en inglés, "papel" en español etc.

Esta planta servía a los egipcios de alimento, de bebida, vestido, papel, pues había papiro tostado, jarabe de papiro, sandalias de papiro, canoas con tallos de papiro etc. El papel para escritura lo conseguían, a decir de un escritor romano, como sigue:

> "Mediante una cuchilla cortaban el tallo del papiro en tiras finas y lo más anchas posible. Luego pegaban estas tiras unas a otras, hasta obtener una hoja. Los operarios realizaban su faena sobre unas planchas cubiertas de agua fangosa del Nilo, que hacía las veces de cola. Luego cortaban las orillas de las tiras así encoladas y pegaban otras en sentido contrario, como los hilos de un tejido. Estas dobles tiras superpuestas las dejaban secar al sol y, finalmente, las pulían con un diente de hipopótamo o con una concha."

El rival poderoso del papiro fue el pergamino, cuyo nombre, según Ilin, se debe a lo siguiente: en Alejandría, Egipto, había una biblioteca de millones de rollos de papiro, que los faraones habían enriquecido. Esta fue durante muchos años la más grande del mundo, pero otra llegó a competir con ella, la de Pérgamo, y el Ptolomeo reinante prohibió absolutamente la exportación de papiro al Asia Menor.

El soberano de Pérgamo, Éumenes (197-158 AC), para contrarrestar esta pérdida, encomendó a sus mejores maestros la fabricación de una materia apta para escribir, mejor que las anteriores, y resultó el pergamino o vitela, material preparado de pieles de animales, más delgadas que las primitivas, que debe su nombre a la ciudad de su origen.

Como los libros eran voluminosos y pesados, cuando se llegó a cortar el pergamino, a doblarlo y a cocerlo en hojas sueltas, o sea, lo que se llama "codex" - que aparece no mucho después de la edad apostólica - se colocaban dos tablas de madera forradas de cuero en la parte exterior y de tela en la interior, generalmente adornado.

Los volúmenes se escribían en tres o cuatro columnas por página, y luego, en dos columnas, por considerarse más conveniente. La escritura, que primero fue uncial, o de letras mayúsculas, se convirtió en minúscula o cursiva, siguiendo así hasta el descubrimiento de la imprenta.

Los monjes, que en la calma de sus celdas escribían con arte y colores, dieron lugar a las llamadas miniaturas (figuras ejecutadas con nimio) para ornato de los manuscritos. Cuando se trataba de manuscritos de gran valor, se empleaba la escritura en oro y plata sobre pergamino de color púrpura.

En la Universidad de Upsala, Suecia, se conserva el Codex

Argenteo, el más extenso fragmento en lengua goda, traducción del Obispo Ulfilas, muerto en el 382. Manuscritos de estas clases diversas, los hemos visto en el Museo Británico de Londres y en otros lugares, conservados con las debidas precauciones.

En el año 704 los árabes conquistaron la ciudad de Samarcanda en Asia Central y además del botín grande que obtuvieron, conocieron el secreto de la fabricación de papel, no tardando en establecer grandes fábricas en España, Sicilia y Siria. En la villa de Játiva, dominada entonces por ellos, se instaló la primera fábrica.

Ya no quedaron restringidos al clero los conocimientos necesarios para escribir, y los libros no fueron ya tan sólo copiados por piadosos frailes, sino por despreocupados estudiantes también; cuando años más tarde, en Maguncia, Gutemberg inventa la imprenta, tenemos los dos elementos fáciles: papel e impresión para dar un formidable empuje a la literatura y a la Biblia, y observamos con notoriedad que lo primero que salió de las prensas fue una Biblia en latín, la lengua más generalizada de entonces.

Si, como se dice en Paleografía, "la escritura es la pintura del pensamiento", la Biblia escrita representa el pensamiento y la expresión de Dios para los hombres.

3
Las lenguas de la Biblia

Antes de llegar a nosotros la palabra de Dios, ya sea en copia o traducción tal cual está contenida en la Biblia, debemos notar que pasa por cuatro estados sucesivos:

- 1. Existió en la mente de Dios desde toda la eternidad.

- 2. De la mente de Dios pasó a la mente de los hombres por Su voluntad e iniciativa.

- 3. Desde aquellas mentes que las recibieron de Dios pasó al lenguaje humano.

- 4. Tomó forma concreta mediante palabras representadas a su vez por signos gráficos convencionales.

Esta fue la primera traducción, la que fue vigilada y dirigida por Dios, de manera que vino a ser Su Palabra.

Desde entonces los hombres la han copiado, traducido y reproducido a través de los siglos, así fue pasando de país en país y de un idioma a otro.

Claro que entonces nos surge la pregunta: ¿Cuáles fueron las lenguas originales?

Bossuet en su discurso sobre Historia Universal nos dice según el diccionario teológico de Bergier, que "los libros que los egipcios y los otros pueblos llaman divinos se han perdido hace largo tiempo y apenas nos resta alguna confusa memoria de ellos en las antiguas historias." Pero que en cambio, "los judíos han sido los únicos cuyas Sagradas Escrituras han estado en tanta más veneración cuanto que han sido más conocidas, y ellos solos son los que, entre todos los pueblos antiguos, han conservado los monumentos primitivos de su religión a pesar de estar llenos de testimonios de su infidelidad y de la de sus antepasados; y aún hoy día este mismo pueblo subsiste sobre la tierra para llevar a todas las naciones, a donde se ha dispersado, juntamente con la religión, los milagros y las predicciones que la hacen inalterables."

Así vemos que la sola explicación de la conservación de los manuscritos y fuentes de las Escrituras, en comparación con otros pueblos, tiene explicación sólo si atendemos la intervención amorosa de Dios para atesorar se mensaje para las generaciones posteriores.

El mismo apóstol Pablo nos recalca que es a los propios judíos a quienes cabe el honor de que la Palabra divina les haya sido confiada; él nos dice en su carta a los Romanos:

"¿Qué más tiene el judío?...lo primero ciertamente, que la Palabra de Dios les ha sido confiada..." Y por lo tanto es en este pueblo donde hemos de encontrar el texto de las Escrituras a lo largo de su historia.

La escritura del Antiguo Testamento empieza con Moisés

Con la afirmación anterior nos referimos a los libros que conforman el Pentateuco. Según vemos con claridad en pasajes como el que sigue. *"y Jehová dijo a Moisés: escribe esto para memoria en un libro..." "...Y Moisés escribió todas las palabras de Jehová..." "...Y tomó el libro de la alianza y leyó a oídos del pueblo."* (Éxodo 17 y 24).

Sin embargo sería fuera de lugar afirmar que Moisés escribió todo el Pentateuco, como es falta de ciencia afirmar que nunca escribió, ya que en la Biblia podemos ver distintas fuentes y compiladores.

Kenyon nos recuerda: "el libro de las batallas de Jehová en Números 21:14. Evidentemente con el tiempo el Pentateuco fue llamado *"el libro de Moisés"* o *"los libros de Moisés"* aunque Moisés hiciera uso de materiales anteriores; por ejemplo *"el libro de las generaciones de Adán"* (5:1).

Es obvio que no pudo escribir pasajes como el de su propia muerte, en Deuteronomio 34. Algunos sabios dicen con exageración "que escribió su propia muerte con anticipación."

Por otro lado tampoco Podemos aceptar algunas

argumentaciones contrarias que pretenden demostrar que Moisés no escribió ni jota de esos libros.

Más veraz parece ser el testimonio que nos expresa II Crónicas 34:14; allí se ve *"la mano de Moisés."*

Los primeros años de la vida de Moisés los encontramos en el libro del Éxodo, tras la muerte de José, después del cambio histórico del gobierno de los hyksos al gobierno de la dinastía XVIII y de acuerdo con lo que leemos en los Hechos de los Apóstoles, que concuerda con los relatos del historiador Josefo, "Moisés fue ensenado en toda la sabiduría de los egipcios y era poderoso en sus dichos y hechos."

Ahora algo muy notable, que la ciencia nos dice, y Sir Charles Marton lo hace resaltar en su libro "La Biblia se Hace Viva" que muchos de los de sentimientos y parte del lenguaje de los profetas del Antiguo Testamento y de los Salmos estaban ya escritos en Egipto cuando Moisés era joven. Es importante notar que muchas de las leyes y mandamientos que recibió Moisés ya existían en los conceptos morales de los egipcios encontrados en las inscripciones en las galerías, pasillos, cámaras de los monumentos y pirámides, al punto que la mitad de los diez mandamientos constituían ya casi una ley en aquellos tiempos.

Se dice que es a la muerte de su protector Hatshepsut cuando Moisés tiene que huir de Egipto de Thotmes III a la tierra de Madián (Éxodo 2:15) y allí pasa 40 años (Éxodo 7 y Hechos 7) donde recibe la revelación. El nombre de quien le mandaba, desde la zarza librar a los israelitas de Egipto, era YHWH o Yahveh, "EL SER" que aparece repetidas veces en las cartas de Lakish, si bien una forma anterior, según las tablillas de Ras Shamra, es YH o Jah. Cuando Moisés vuelve a Egipto y se encuentra con el sucesor de Thotmes, Amenthotep II, si la cronología de Marston es aceptable, pide que deje ir a los israelitas "*camino de tres días por el desierto*" para sacrificar a Jehová.

Allí en el monte Sinaí Moisés recibe la orden de escribir y la eterna cuestión de la inspiración del texto queda pendiente de las palabras *"Habló Dios todas estas palabras diciendo"* y en Deuteronomio 4: 8 se pregunta. *"¿Qué nación hay que tenga estatutos y derechos justos, como es toda esta ley?"*

Posteriormente otros escritos fueron también 'inspirados' de tiempo en tiempo. En Josué 24:25 y 26 leemos*: "Josué hizo pacto con el pueblo el mismo día, y les dio estatutos y leyes en Siquem. Y escribió Josué estas palabras en el libro de la ley de Dios."*

Notemos en esta frase la idea definida 'del libro'. Las palabras "bassefer hazzeh" según Green, "en el libro este" se refiere al libro muy bien conocido, al libro de mucha eminencia, es decir, el de Dios.

En el Antiguo Testamento no se mencionan a los escritores en orden cronológico, sino más bien por casualidad, como por ejemplo "el libro de Jasher";"el libro de los hechos de Salomón"; "el libro de las Crónicas de los reyes de Israel" o de Judá etc.

En 1 Samuel 10:25: *"Samuel recitó luego al pueblo el derecho del reino y le escribió en el libro, el cual guardó delante de Jehová"*. Aquí se presenta otra vez el artículo enfático en el original "bassefer" en el libro.

Así vemos que mucho de los salmos de David fueron encomendados al cuidado de los jefes de los músicos y comparando Jeremías 25:11,16 con Daniel 9:2 se ve que también Jeremías fue considerado como escritor canónico, estando sus escritos en *"el libro"* que poseía sin duda Daniel.

Hebreo y arameo

El término semítico se aplica a un grupo de idiomas cuyos caracteres comunes se advierten sin gran dificultad, y algo similar ocurre actualmente con las lenguas que se derivan del latín, o sea, la portuguesa, la española, la francesa, la italiana, y la rumana. Por ejemplo, la voz padre es Ab en hebreo, Ab en arameo, y Abu en acádico.

Sin embargo, estas interesantes semejanzas en el vocabulario no simplifican por ello el estudio de cada una de estas lenguas: por tanto, sus estructuras gramaticales (anexos, sufijos, tiempo de los verbos, etc.) son un acicate y una dificultad para el estudio de ellas.

El origen de la denominación de 'lengua semítica' que empezó a usarse por el año 1780, se basa en la declaración del Génesis 10:1 *"estas son las generaciones de los hijos de Noé, Sem, Cam y Jafet que engendraron hijos después del diluvio."*

Es comprensible que, salvo los especialistas, nadie lea la Biblia en sus textos originales, y en cuanto al NT, si bien hay muchos bachilleres y estudiantes de Filosofía y Letras que dedicaron años al estudio de Demóstenes, o Platón, o Sófocles, ignoran que el evangelio se escribió en griego y tienen que recurrir a una traducción si quieren leerlo.

Se dice que el hebreo puede compartir con la lengua china el triste privilegio de ser un mundo cerrado e inaccesible y que hay que renunciar definitivamente a estudiar lo escrito en tal idioma. Sin embargo, eruditos como Paúl Auvray aseguran que ese prejuicio es lo que justifica el que haya tan pocos hebraístas.

Durante mucho tiempo el antiguo hebreo se conoció únicamente a través de los escritos bíblicos, pero a partir de finales del siglo pasado, con la abundancia de descubrimientos arqueológicos, aparecieron una serie de documentos extra bíblicos que permiten aumentar en cierto modo el conocimiento de la lengua hebrea; por otro lado, el uso del hebreo se continuó dentro del judaísmo mucho tiempo después de la constitución de la Biblia y existe una numerosa literatura en lengua hebrea.

En cuanto al arameo antiguo no se encuentran demasiados documentos, ya que, a decir de los especialistas, no hay nada anterior a los siglos X y XI. No debe sorprender que así sea, porque los arameos nómadas no poseían indudablemente la escritura y se servían de tradiciones orales.

Es de lamentar que los reinos arameos de los siglos X y XI no dejasen a la posteridad obra literaria alguna.

A. Dupont-Sommer, director de Altos Estudios y además encargado de curso, en la Sorbonna, París, dice en su libro "Los Arameos", refiriéndose a la lengua, lo que sigue:

> "El arameo es una lengua semítica, igual que la asiro-babilónica, el fenicio, el hebreo y el árabe, asemejándose más al fenicio y al hebreo. Nuestro conocimiento de esta lengua hasta el reinado de Sargón se reduce a un número

muy pequeño de inscripciones descubiertas todas ellas recientemente."

Y describe una serie de ellas dando datos científicos que no precisamos mencionar aquí. Según dicho autor, los arameos cuando se instalaron en Mesopotamia y en Siria durante los siglos IX y X A.C, no poseían lengua escrita, ni lengua literaria alguna; eran todavía beduinos incultos, y los príncipes de aquellos nuevos reinos arameos se vieron inclinados a adoptar como lengua escrita la misma lengua de los países que habían conquistado, igual que adoptaron más o menos por completo aquella civilización. Por eso en Guzana, Mesopotamia, las inscripciones del rey arameo Kapara, que parecen ser del fin del segundo milenio, van escritas en caracteres cuneiformes y en lengua asiria.

Se ha dicho algunas veces que el arameo es un hebreo corrompido, especie de jerga degenerada, que los judíos trajeron al regresar de su destierro en Babilonia; pero los eruditos dicen que no podemos sostener tal afirmación desde el punto de vista histórico, y menos aún desde el punto de vista lingüístico porque el arameo se extendió paulatinamente a través de todo el Próximo Oriente, y esa invasión pacífica, que empezó desde la época de los reinos arameos, coincidió en lo que se refiere al reino de Judá, más o menos con la dominación de los persas.

No es, pues el arameo un hebreo en decadencia, sino una lengua tan original como la hebrea misma y más antigua en algunos puntos, según el profesor Auvray. Parece ser que usando una analogía de nuestros tiempos, podríamos decir que el hebreo y el arameo tienen las mismas relaciones que el español y el portugués o que el italiano y el francés.

Desde luego, la mayor parte del Antiguo Testamento está escrito en hebreo, *"lengua judaica"* (Isaías 36:11 y Nehemías 13:24) siendo esta descripción la más cercana a la realidad, puesto que el hebreo surgió, según H. Thomas, de una fusión del dialecto arameo-árabe, hablado por los hebreos que invadieron Canaán en el siglo XV AC, según apuntamos antes. En el Nuevo Testamento se llama a la lengua "hebreo" o "hebraico" (Apocalipsis 9:11; 16:16; Juan 5:2; 19:13,17)

Lo más importante del hebreo es que poseía un alfabeto y no otro tipo de grafología, lo cual facilita enormemente la transmisión y estudio del texto, y es notable que el libro de Dios fuese escrito en esta lengua y no en la de civilizaciones más avanzadas, como la china o la siria, que no habían inventado un alfabeto y sus caracteres eran más bien ideogramas.

Por eso un erudito, señalando la intervención divina en escoger este lenguaje, dice que se habrían aumentado enormemente las dificultades de los estudiantes de la Biblia si los hebreos, al llegar al desierto, hubiesen adoptado la escritura cuneiforme de Canaán, cuando asimilaron aquella civilización.

Historia de la lengua hebrea

En realidad hay dos períodos que deben notarse en la historia de la lengua hebrea y se distinguen por divisiones obvias:

1. Desde Moisés hasta la cautividad de Babilonia y

desde entonces

- 2. Hasta la conclusión del Canon.

En el primer período la lengua viene a ser, casi la misma, con excepción del estilo individual del escritor. Algunas palabras llegaron a ser anticuadas de una época a otra como se desprende del versículo: *"Antiguamente en Israel cualquiera que iba a consultar a Dios decía así: Venid y vamos hasta el vidente, porque el que ahora se llama profeta antiguamente era llamado vidente"* (1 Samuel 9: 9) - esto lo aprecian mejor en su original hebreo los entendidos pero, según el Dr. Ginsburg, estos cambios, que se habían introducido gradualmente, comenzaron de una manera más técnica en los días de Esdras por ciertos hombres conocidos por Soferim, o escribas, como los que hemos citado con anterioridad. En este tiempo que sigue a la cautividad el Antiguo Testamento fue dividido en párrafos y versículos.

En los escritos de los profetas más recientes, como Jeremías, Sofonías etc. hay una decadencia manifiesta por la introducción de términos extranjeros especialmente arameos.

Ester, Daniel, Ezequiel, Jeremías y Esdras presentan un contraste notable respecto a la pureza, encontrándose más anomalías en Ezequiel que en otros escritores Los profetas siguientes al destierro, Hageo, Zacarías y Malaquías, escribieron en estilo menos corrompido y se nota un avance hacia la pureza, aunque no se hablaba así en sus tiempos.

La lengua hebrea se escribía y se escribe de derecha a izquierda y solamente se escribían las consonantes, registrando lo que podríamos llamar una fuga de vocales lo cual condensaba y condensa la escritura, haciéndola difícil de leer, especialmente con el paso del tiempo y los cambios de la lengua. Justamente esta práctica es causa de variedades en el texto, como apunta Sir F. Kenyon, porque es fácil de comprender que puede dar lugar a errores. Por ejemplo si pudiésemos trasladar el sistema al español y nos encontrásemos con la palabra siguiente: M. R. podríamos pensar que decía moro, mora, mero, muro, mira, maría etc.

Pero hablamos antes de los escribas, y en esta dificultad vienen en nuestra ayuda, como igualmente acuden a serenarnos cuando nos sorprendemos al saber que los manuscritos hebreos más antiguos que poseemos son de la era cristiana, y nada menos que del siglo X.

Ya que nuestro pensamiento vuela a los lejanos errores, mutilaciones y corrupciones. Este cuerpo de escribas, talmudistas y masoretas inventaron la puntuación vocálica para las palabras, basándose en la tradición de la pronunciación que se registraba en el Talmud. La escuela de doctores judíos que afrontaron semejante trabajo se hallaba en Tiberias; pero no fue este trabajo de una sola generación ni de un solo lugar y una comparación entre el texto del Antiguo y el Nuevo Testamento puede darnos idea de la dificultad y de la importancia, a un tiempo, de dicha puntuación.

En Génesis 47:31 leemos: *"Israel se inclinó sobre la cabecera de la cama"* y en Hebreos 11:21 *"adoro estribando sobre la punta de su bordón"*. La palabra hebrea M. T. podía ser mita (cama), mate (bordón) y así se tradujo a la Septuaginta, griego, antes de la puntuación masorética, y de allí citó el escritor de la epístola mencionada.

Después del regreso de Babilonia declinó el uso del hebreo como lengua hablada, quedando como lengua sagrada, y ocupando su lugar en el pueblo el arameo; pero algunos eruditos como el profesor M.H. Segal, dicen que hasta el tiempo de Cristo el hebreo fue lengua hablada de Judea, si bien conceden, con respecto al lenguaje de Jesús, que el arameo era la lengua vernácula de Galilea en el periodo romano.

El profesor T.W. Manson ha sugerido que, en sus discusiones con los fariseos, Jesús pudo emplear el hebreo como ellos. El hebreo rabínico (desarrollo posterior del hebreo bíblico) fue el lenguaje de la Mishna codificación de la tradición oral puesta por escrito por el año 200 después de Cristo.

Mencionemos que estas diferencias de lenguaje las señala la misma Biblia como por ejemplo el caso de la alianza en Mizpa, donde Jacob pone al majano un nombre en la *"lengua de Canaán"* y Labán otro en arameo (Génesis 31:46, 47), y en el caso de Jueces 12 donde los de Ephra no podían pronunciar la palabra *"shiboleth"*. En tiempos del Nuevo Testamento vemos que a Pedro *"se le conoció"* que era galileo, pues según Bruce, tenían fama de pronunciar de modo gutural.

Winton Thomas dice que en Ester, Eclesiastés y muchos Salmos se descubre una poderosa influencia aramea, y que por el segundo siglo AC el hebreo, como lengua hablada, fue muerto. El libro de Daniel (165 AC) dedicado a la lectura popular, muestra la verdadera extensión de la influencia aramea por entonces.

En uno de los escritos rabínicos se lee: "No sea el arameo ligeramente estimado por todos viendo que el Santo (bendito sea El) ha dado honor a esta lengua en la Ley, los Profetas y los Escritos." Lo que indica que la lengua aramea se encuentra en porciones en las tres divisiones principales del Antiguo Testamento. Se encuentra una mención en arameo en la Ley (Génesis 31:47) un versículo en los profetas (Jeremías 10:11) y dos considerables secciones en los Escritos (Daniel 2:4 a 7:28 y Esdras 4:8 a 6:18 y 7:12-26).

Al arameo se le llamó antiguamente caldeo, porque en Daniel 2:4 algunas traducciones, como la autorizada inglesa, dieron pie a llamar caldeo al arameo, por una inferencia errónea.

En este libro de Daniel han quedado sin traducir algunas palabras arameas, como *"mene"*, *"tekel"* y *"upharsin"*.

Los judíos dicen: "Moisés nos ha dado la ley pero Esdras la ha restaurado" y por ello se dice que fue Esdras quien, tras la cautividad, reunió todos los libros sagrados y formó lo que se llama el canon del Antiguo Testamento - opinión que otros no comparten; cierto es que a la vuelta del cautiverio, tanto Esdras como Nehemías, tuvieron que enfrentarse con una dificultad lingüística.

Mucho pueblo no entendía el hebreo especialmente los hijos de los matrimonio mixtos, y cuando se hizo la gran concentración en Jerusalén para oír a Esdras y a sus ayudantes leer "El libro de la ley de Moisés", la lectura tuvo que interpretarse al arameo siendo notable aquí que la voz "meforash" que se traduce por "con interpretación" (aunque en español aparece como "claramente") es la misma aramea "mefarash" que se empleaba precisamente como término técnico en el servicio diplomático del imperio persa. Conociendo las dos lenguas, aquellos hombres pudieron traducir al pueblo lo escrito en el Libro Sagrado y las gentes *"se entristecieron y lloraron."*

Esta interpretación es sencillamente lo que se llama Targum o paráfrasis oral del texto hebreo de las Escrituras, y es la prueba más temprana y directa que se posee del texto corriente entre los judíos.

Distintos hombres, sin perder su personalidad y su idiosincrasia de escritor, en distintas épocas, fueron escribiendo la Biblia, y ese Libro, ese texto, fue considerado como sagrado.

Leemos, pues que el rey Josafat mandó una comisión de príncipes y levitas y doctores de la ley que *"enseñaran en Judá, teniendo consigo el libro de la ley de Jehová rodearon por todas ciudades de Judá enseñando al pueblo"* (II Crónicas 17:7). En consecuencia fue que *"cayó pavor de Jehová sobre todas las tierras"* y más tarde cuando Joas es coronado, el sumo sacerdote Joiada le unge, le pone la corona y le entrega *"el testimonio"* (II Crónicas 23) de conformidad con lo mandado en 17:18: *"Y será, cuando se asentare sobre el trono de su reino, que ha de escribir para sí, en un libro el traslado de esta ley, del original de delante de los sacerdotes levitas"* viéndose obligado el rey a tenerlo consigo y a leerlo todos los días de su vida, *"a fin de se prolonguen sus días en su reino"*.

Aunque el conocimiento de la lengua hebrea se hallaba en un nivel bajo durante la edad media en la Iglesia, pudo, no obstante, imprimirse un Antiguo Testamento hebreo, después de la invención de la imprenta en 1448.

Johannes Reuchlin (1455-1522) a quien Philip Schaff llamó "padre del aprendizaje del hebreo en la Iglesia Cristiana" estudió griego en la Universidad de París y aprendió los rudimentos del hebreo del mismo John Wessel, que había trabajado allí durante 16 años antes que él. Reuchlin pagó diez monedas de oro a un rabino para que le explicase una simple frase hebrea que no podía descifrar.

Basándose en las obras de David Kimchi que procedía de una familia distinguida de eruditos judíos, el tal Reuchlin preparó su Gramática Hebrea y Diccionario Hebreo, que fueron de tanta utilidad para los maestros cristianos.

La importancia del griego y la versión de la Septuaginta

Con respecto a los libros del Nuevo Testamento, estos fueron escritos en griego en el primer siglo después de la muerte y resurrección de Cristo. Los documentos originales fueron escritos con toda probabilidad sobre papiro con tinta (estos dos materiales de escritura se mencionan explícitamente en la segunda carta del Apóstol San Juan, versículo 12: *"Tengo muchas cosas que escribiros, pero no he querido hacerlo por medio de papel y tinta, pues espero ir a vosotros y hablar cara a cara para que nuestro gozo sea cumplido"*.

Los escritos más cortos (como la epístola a Filemón, la segunda y tercera epístolas de Juan y la de Judas) requerirían una hoja de papiro de un tamaño conveniente, pero los otros libros más largos serían escritos en rollos de papiro. El más largo de todos, que constituye las dos partes de la historia de Lucas, y además los evangelios de Mateo y de Juan, representan tanto material escrito que seguramente se emplearía un rollo de papiro de una longitud normal. Las cartas y el libro del Apocalipsis, cuando se escribieron se enviaron a individuos o a iglesias a quienes iban dedicadas, en tanto que los dos volúmenes de Lucas iban dirigidos a un tal Teófilo. Por lo que respecta a los evangelios, con toda probabilidad se depositaron en las iglesias de Roma, Antioquía y Éfeso.

La internacionalización del griego hizo que el Antiguo Testamento fuese traducido del hebreo al griego, según entendemos por el famoso documento conocido por "Carta de Aristeas" y que pertenece al año 100 AC aunque dice haber sido escrito un siglo y medio antes de dicha fecha. Aristeas era un oficial de la corte del rey Ptolomeo Filadelfo de Egipto (285-346 AC) y se dirige a su hermano Filócrates, para comunicarle la traducción para la biblioteca del gran rey, de las Escrituras de los judíos a la lengua griega.

La historia de esta traducción ha sido expresada de varias maneras; pero el nombre de Septuaginta o Versión de los Setenta ha permanecido hasta nuestros días y constituye un documento de máxima importancia para los estudios bíblicos. El valor de esta Septuaginta, en el plano de los estudios eruditos de crítica del texto, es muy notable, por cuanto nos representa un texto hebreo del que ha partido, que no poseemos, y que lógicamente es anterior a los códices que poseemos de la Era Cristiana.

Las secciones del Antiguo Testamento de los grandes códices de los siglos IV y V (Vaticano, Sinaiticus y Alejandrino) están en griego. Jesús y los apóstoles emplearon el Antiguo Testamento en griego, y los judíos de la dispersión en las provincias de Asia, Galacia, Acaya, Macedonia y Roma también la emplearon. Exceptuando, posiblemente, una colección de dichos y narraciones del evangelio según San Mateo, todos los libros del Nuevo Testamento parecen haber sido escritos originalmente en griego.

El griego aparece primeramente en la historia como lengua hablada mediante tres olas sucesivas de inmigrantes que entraron en la península balcánica desde el Norte. Estas olas pertenecen a períodos diferentes en el curso del milenio dos mil a mil antes de Cristo. Y se conocen, respectivamente, como la Jónica, Aquea y Doria.

Hasta el año 300 AC los distintos dialectos griegos pueden clasificarse en tres grupos, que corresponden a estas tres emigraciones; como los Jónicos fueron el primer grupo de griegos que bajaron al sur de Grecia, se vieron presionados por sus sucesores que venían detrás y la mayoría de ellos fueron arrojados de Grecia, propiamente dicha; para encontrar hogar en el mar Egeo, y allí se pusieron en contacto con los pueblos de Asia.

Antes de ser conocidos por el término de "jónicos" el nombre que se les dio fue el de "griegos" y en hebreo, los griegos fueron llamados los Bene Yavan, Hijos de Yavan o Javan, nombre que es idéntico a Jión, antecesor de los jónicos.

Un importante grupo de jónicos se refugiaron al otro lado del mar; éstos fueron los habitantes del Ática distrito de Atenas. Más adelante; no solamente los jónicos, sino los otros griegos fundaron colonias en Asia Menor, en Libia, Chipre, Creta, Sicilia, el Sur de Italia, Marsella y alrededor de las costas del mar Negro, incluyendo la península de Crimea.

El mundo griego estaba dividido en un gran número de pequeños estados; pero dondequiera que la lengua griega era hablada, allí estaba Grecia. El griego, pues, se habló en todo el mundo Egeo durante 3.500 años y se jacta de tener una literatura que se extiende hasta más de 1000 años antes del nacimiento de Jesucristo.

Los monumentos más antiguos de la literatura griega, las épicas homéricas; la Ilíada y otros se alzan como obras clásicas de primer rango mundial y por la expresión delicada y la clásica flexibilidad griega, este idioma se considera como uno de los más importantes de toda la humanidad.

Es importante señalar que, debido a las condiciones y circunstancias que siguieron a la conquista macedónica, las diferencias antiguas entre los dialectos griegos dieron lugar en los últimos tres siglos al nacimiento de lo que se llamó griego "helenístico"; llamado frecuentemente "lengua común" del griego o "koiné dialectos" porque fue la forma de griego que se extendió más ampliamente por el mundo. Este koiné o lenguaje común incorporó rasgos distintivos y característicos de los dialectos más antiguos, pero principalmente del ático, que era el dialecto de Atenas y del territorio vecino.

Este griego helenístico se convirtió en la lengua oficial de los imperios que sucedieron al dominio y conquista de Alejandro después de su muerte (323 AC).

Cuando Palestina fue incorporada al Imperio Romano en el año 63 AC como parte de la provincia de Siria, el griego continuó siendo lenguaje común de aquellas regiones y de todo el Imperio Romano oriental en genera. El Imperio Romano, por otra parte, era bilingüe; en el ejército, el latín era la lengua oficial de todo el Imperio; pero por lo demás, el griego continuó siendo lengua oficial de todas las lenguas del mediterráneo oriental. En la ciudad de Roma misma el griego se hablaba tanto como el latín, lo mismo en las clases altas como en las bajas; para las clases altas el griego era la lengua de la cultura y de la educación, y un hombre como Cicerón escribía en griego con la misma facilidad que en latín; pero para las clases bajas, los esclavos y los obreros hablaban generalmente, el griego desde su nacimiento Los primeros cristianos romanos hablaban el griego de una forma natural, y cuando Pablo escribió su carta a la Iglesia de Roma, escribió en griego, aunque, sin duda, pudo haberles escrito en latín de haber sido necesario.

No se puede evitar, en el Nuevo Testamento, la influencia de la 'traducción griega' de la Septuaginta y la influencia de la lengua arameica vernácula de los judíos palestinenses; incluso Pablo, aunque no era judío palestino, sino educado en Tarso, pertenecía a una familia que hablaba arameo, no griego, en su hogar, y quizá sea esto lo que expresa él, cuando dice en su carta a los de Filipos, capítulo 3:5 afirmando que era "un hebreo de hebreos', hijo que hablaba arameo, de padres que hablaban arameo.

Fue en esta lengua original en que al parecer, la voz celestial se dirigió a Pablo en el relato de los Hechos, donde nos cuenta su conversión con la frase "lengua hebrea".

La persona acostumbrada a leer buen griego encuentra extraño el griego de la Septuaginta, pero a un lector acostumbrado al idioma hebreo, la Septuaginta griega es perfectamente inteligible.

Las palabras son griegas, pero la construcción es hebrea; esta fue la versión en que tantísimos cristianos primitivos conocieron el Antiguo Testamento y para aquellos hombres que se convirtieron en "los hombres de un solo libro" la influencia del estilo, el giro hebreo del griego del Nuevo Testamento y la influencia toda de la Septuaginta fue notabilísima. Esto es aplicable incluso a un escritor como San Lucas, que dominaba un estilo griego bueno e idiomático, ensalzado por todos los estudiantes del texto original.

En vocabulario y estilo, pero mucho más en su contenido de pensamiento, es casi una lengua totalmente nueva. Varias influencias produjeron este efecto; algunas de ellas fueron graduales y algunas muy repentinas.

Estos libros, escritos en las lenguas indicadas, constituyen la Biblia que hoy tenemos, después de haber sido aprobado su canon en dos ocasiones. Los libros aceptados en el canon hebreo del Antiguo Testamento son los libros aprobados por el sínodo de Jamnia en Palestina entre los años 90 y 100 de nuestra era; dicho canon no incluye los libros que generalmente se llaman apócrifos, que sí estaban incluidos en la Septuaginta o versión griega del siglo III antes de Cristo.

El canon del Nuevo Testamento comprende los libros incluidos en la Biblia Vulgata de San Jerónimo (405 AC) correspondientes al canon aprobado el Concilio de Cartago en el año 397 DC y el Concilio de Laodicea en 366

DC. Este canon sobrevivió por encima de unos cuarenta libros que circulaban y que no fueron aceptados ni considerados legítimos por las Iglesias.

En nuestro siglo XX el esfuerzo de tantos eruditos está llevándose a un texto mejor. La investigación moderna continúa añadiendo testimonios a la unidad esencial del mensaje de la Biblia transmitido tan perfectamente; pero en medio de hechos que indican la posibilidad de algunos cambios del texto que puedan haber ocurrido antes del tiempo de Constantino cuando el cristianismo fue aceptado por el Imperio el mismo Orígenes de Alejandría (182-251AD) escribía: "Está claro que hay una gran diferencia en las copias por la pereza de les escribas, por audacia de algunos que se han atrevido a introducir alguna corrupción como corrección, incluso de otros que han quitado alguna palabra por alguna razón personal." Todo este trabajo es el que tienen delante los estudiosos eruditos del texto, para, en su labor de crítica, darnos las palabras más exactas posibles en las versiones y traducciones de la Biblia que se renuevan de época en época. La Biblia, faro de la humanidad para todas las épocas, hizo escribir a D.F. Sarmiento:

> "Como si Dios hubiese querido mostrar a los hombres la importancia de la palabra escrita el libro más antiguo del mundo, el primer libro que escribieron los hombres, el libro por excelencia, la Biblia, ha llegado a nuestras manos a través de cerca de cuatro mil años. Cuando el renacimiento de las ciencias después de siglos de barbarie ensanchó la esfera de acción de la inteligencia sobre el globo, la publicación de la Biblia fue el primer ensayo de la imprenta; la lectura de la Biblia

echó los cimientos de la educación popular, que ha cambiado la faz de las naciones que la poseen."

4
La inspiración de la Biblia

¿Es la Biblia inspirada por Dios?

Este es un aspecto sumamente importante a tratar para el cristiano. Especialmente cuando decimos que la Biblia es un libro 'divinamente inspirado' para diferenciarlo de cualquier otra literatura.

Y también porque debemos tener una respuesta satisfactoria para aquellos que nos preguntan el por qué de tal afirmación que con tanto convencimiento sostenemos, ya que está profundamente relacionado con los principios de vida cristiana cuya fuente es la Biblia.

Las Sagradas Escrituras son un conjunto de libros escritos bajo la inspiración del Espíritu Santo y tienen, por tanto, a Dios por autor; sin embargo, Dios ha utilizado a hombres para que Su Palabra nos llegue escrita en varios idiomas hasta nuestros días.

El grado de esta inspiración y la fórmula correcta de la misma ha sido, no hay que negarlo, tema de prolongada y acre discusión.

Es notable que mientras el espíritu de inspiración se percibe en las páginas de la Biblia y también iluminan cada palabra de la misma, el método divino de inspiración, es decir, la manera en que Dios comunicó sus pensamientos y palabras a los escritores de la Biblia, no se nos dice de un modo claro y tajante; ésta es la razón por la que hay tal discrepancia entre los estudiantes de la Biblia, incluso dentro del seno católico y del seno protestante, con respecto a la manera exacta en que las palabras de la Biblia nos fueron transmitidas a la posteridad.

Job dice: *"Ciertamente espíritu hay en el hombre, y el soplo del omnipotente le hace que entienda" (Job 32:8).* Y David afirma en II Samuel 23:2: *"El espíritu de Jehová ha hablado por mí, y su Palabra ha estado en mi lengua";* en tanto que Isaías afirma: *"Oíd, cielos, y escucha tú, tierra; porque habla Jehová" (Isaías 1:2).*

Y Jeremías expresa decididamente: *"Vino, pues, palabra de Jehová a mi diciendo"*, sin que se nos informe cómo llegó esa palabra de Jehová a él, aunque un poco más adelante afirma: *"Y extendió Jehová su mano y tocó mi boca y me dijo Jehová: He aquí he puesto mis palabras en tu boca"* (1:2,9).

Así vemos que aunque los profetas y apóstoles afirman clara y decididamente que sus palabras fueron escritas por inspiración de Dios ninguno nos dice el cómo sucedió en la práctica.

Comencemos viendo algunas acepciones de la palabra: Inspirar, sinónimo de aspirar, tiene en esta primera aplicación el sentido de "atraer el aire exterior a los pulmones" es decir, poner dentro algo que estaba fuera.

Su segunda acepción, "infundir en el ánimo, sugerir afectos, ideas, designios" implica igualmente el "aplicar" algo a la otra persona, y en el sentido que nos compete a nosotros, en el teológico, significa "iluminar Dios el entendimiento de uno y mover su voluntad".

Por ello al hablar de inspiración de la Biblia, el versículo tal vez más adecuado sea el de II Timoteo 3: 16: *"Toda la Escritura es inspirada por Dios, y útil para enseñar, para redargüir, para corregir, para instruir en justicia".* En este maravilloso verso es donde aparece por una sola vez en el Nuevo Testamento la palabra "theopneustos", compuesta de "Dios" y "espíritu", significando que lleva el "hálito" o "soplo" de Dios.

En consecuencia, los hombres que fueron escribiendo la Biblia no eran simplemente escritores, sino hagiógrafos; esto es, escritores con una inspiración santa (agio significa "santo") y de ahí que San Pedro diga: *"Los santos hombres de Dios, impulsados por el Espíritu Santo, hablaron"* (II Pedro 1:21).

Todo esto ha traído como consecuencia el debate siempre de moda que acostumbra preguntarse: si el pensamiento que tenemos en la Biblia fue comunicado de modo sobrenatural, dejando la expresión al autor humano o si tanto el pensamiento como la expresión fueron dictados de una manera "mecánica" por el Espíritu Santo.

Y así llegamos a la siguiente situación:

1- Por una parte tenemos los que afirman que la Biblia es un libro humano, en el que el hombre trata de buscar a Dios, justamente igual que en los Vedas del Hindú o en los escritos de Confucio, en el Zend-Avesta de los persas o en el Korán de los mahometanos, no siendo de ninguna manera infalible.

2- Otros afirman que la Biblia no es toda Palabra de Dios, sino que la contiene, sirviéndonos de guía a la manera en que un abogado es libre de interpretar por el espíritu de un texto y no por sus palabras.

3- Hay quienes aceptan como inspiradas todas y cada una de las palabras que aparecen en la Biblia; esto es, admiten la "inspiración verbal" añadiendo que sin las palabras no puede precisarse con exactitud el sentido del mensaje. Alegan que esto creyeron grandes hombres que fueron visiblemente utilizados por Dios en el pasado, tales como Spurgeon, Carroll, Moody, Torrey, etc. La Biblia en este caso no sólo contiene, sino que es toda ella palabra de Dios y es infalible.

Por supuesto que todos estos planteamientos no preocupan al cristiano "nacido de nuevo", si bien que el Espíritu da testimonio a nuestro espíritu de que somos hijos de Dios. Nos basta sólo leer la Biblia con corazón sincero para escuchar de manera clara y viva la voz del Padre amoroso que habla a nuestro corazón de hijos. Sentimos que las palabras de la Biblia 'sintonizan' perfectamente con la necesidad más profunda de nuestro corazón.

Y todo esto porque somos *"templo del Espíritu Santo."*

Leemos la palabra y nos sentimos sumamente dichosos 'como pez en el agua', en nuestro elemento natural, en donde siempre debimos haber estado, "en la casa del Padre" que es nuestro mismo corazón.

¿Es la Biblia palabra de Dios?

O tal vez mejor, expresemos la pregunta de la siguiente manera:

¿La Biblia es la Palabra de Dios o contiene la Palabra de Dios?

Esta pregunta es también problema de debate continuo entre teólogos y especialistas. Aprovechándose de esto muchos "falsos maestros" han engañado a cristianos sinceros que hoy militan en sectas, atentos a la voz de cualquier "profeta" que se ponga de moda.

Si decimos que la Biblia es la Palabra de Dios, significa que desde el principio al fin la Biblia fue dictada por el Espíritu Santo mismo, que seleccionó a los hombres que actuaron como sus amanuenses.

Claro que muchos de estos fenómenos no pudieron ser explicados porque hay mucho en las Escrituras, y especialmente en el Antiguo Testamento, que era difícil de aceptar como Palabra de Dios.

Entonces de allí surgieron las disputas de que no todo lo escrito podía ser Palabra Dios. Pero vayamos a algo que nos ayudará.

Consideramos que el Dr. A. T. Pierson ha hecho una buena definición de la inspiración en su buen libro

"Conociendo las Escrituras". Allí se lee:

> "El término inspiración verbal ha sido mal entendido. No significa, desde luego, que cada palabra que encontremos en la Biblia es la palabra de Dios o representa Su pensamiento, pues algunas palabras relatan los hechos de los equivocados y de los impíos, ni son dichos suyos, porque en algunos casos el que habla es el diablo. Cualquier teoría que conceda igual importancia o autoridad a toda la palabra que encierra la Biblia es absurda...cada estudiante debe observar lo que en la Biblia tiene autoridad y lo que solamente tiene exactitud."

Las palabras de Satanás a Eva son exactas en el trasplante a la Sagrada Escritura, pero son falsas y engañosas en intención y en sentimientos respecto del pensar de Dios.

La mayor parte del libro de Job, aunque relato inspirado de acontecimientos y dichos, no es de la aprobación de Dios - incluso profetas y apóstoles, aparte de su carácter y capacidad como tales, siendo meros hombres falibles, estaban sujetos a equivocaciones. (I Reyes 19:4; Gálatas 2:11-14).

De estas consideraciones, salió la fórmula de que la Biblia no es la Palabra de Dios sino que contiene la Palabra de Dios.

Por supuesto que ustedes se darán cuenta de lo peligroso que es esto.

Por otra parte es sencillo, si solamente usamos nuestro sentido común, ya que sería ilógico pretender que la voz de Satanás hablándole a Eva sea Palabra de Dios ¿verdad? Pero si es relato inspirado, lo que quiere decir que es exacto y esto no es lo mismo que atribuir esas palabras al Espíritu Santo.

No debemos ser tan pretenciosos y arrogantes cuando nos acercamos a la lectura de la Escritura. Nosotros no vamos hoy a la Biblia a preguntarle en qué lugar está hablando Dios y en qué lugar es la voz del hombre la que oímos.

No podemos decir esto es inspirado y aquello no lo es, porque semejante actitud nos llevará a grandes dificultades que no podemos explicar ni solucionar. La investigación actual nos presenta una teoría que reconoce que la Biblia en su totalidad no es tan sólo más grande que cualquiera de sus partes, sino que es sencillamente la suma total de todas ellas tornadas como fragmentos desconectados.

La Biblia es una unidad orgánica que tenemos que juzgar como tal en su totalidad, y entonces veremos que lo que nos presenta es un desarrollo progresivo de Dios mismo, su propia y gradual comunicación al hombre finalizando con la llegada del mismo Dios a la vida humana de un modo intenso y excepcional que conmueve todo el pensar y el sentir de la humanidad.

¿Recuerdan cuando hablamos de la infalibilidad del relato bíblico? Muchos eruditos dicen que la inerrancia o infalibilidad es un "corolario natural de la inspiración" porque si la Biblia es la Palabra de Dios entonces participa del carácter de Dios que incluye la infalibilidad y esto significa confesar dos cosas en las que tenemos fe:

- 1. en el origen divino de la Biblia.
- 2. en la veracidad de Dios.

Sin embargo debemos saber que a la infalibilidad o inerrancia sólo podemos aplicarla a los autógrafos bíblicos, es decir, a los manuscritos originales porque en el copiar incesante, que sucedió posteriormente, se encuentran faltas comprensibles que son prueba de la flaqueza y debilidad humana, ya sea por no tomar los recaudos necesarios y porque se notan en las transcripciones errores de vista, oído, de mano e incluso hasta de juicio de los escribas.

Como es el caso por ejemplo de I Juan 5: 7 donde se admite generalmente que hay una nota marginal incorporada por error del texto.

Otra ilustración se ve comparando II Samuel 10:18 con I Crónicas 19:18. Que nos queden claro, estos errores que se deslizaron en el incesante copiar de los amanuenses son insignificantes y no le resta absolutamente para nada el crédito de ser la Biblia totalmente inspirada por el Espíritu Santo.

El significado y el modo de la inspiración

Bien, creo que con lo dicho hasta aquí tenemos bastante introducción ¿verdad? Por lo tanto de aquí en adelante comenzaremos a ordenar en un resumen todo lo que hemos visto de manera general, lo que sin duda les facilitará a ustedes el estudio.

- **El significado de la inspiración**

Esto ya lo vimos al comienzo de la introducción en cuanto

a las acepciones de la palabra. Aquí solo repetiremos que la palabra griega que más se aproxima a la palabra "inspiración" (theopneustos o "exhalado de Dios") aparece una sola vez en la Biblia. El término significa más bien "exhalado" que "inspirado" y se refiere a los escritos de autores especialmente controlados y guiados por el Espíritu Santo.

- El modo de la inspiración

Aquí surge otro aspecto de la limitación humana, ya que una definición exacta del modo es obviamente imposible, de la misma manera que no podríamos explicar en manera alguna el modo del nacimiento milagroso de Jesús.

Sin embargo, es muy importante que no tengamos una idea errada sobre los puntos que pasaremos a ver ahora:

1- La personalidad del escritor humano no fue anulada. Muchos de los libros dejan entrever con claridad rasgos de la personalidad del autor; tanto su cultura como su preparación, eran utilizados por el Espíritu Santo para una mejor transmisión del mensaje.

2- Dios eligió deliberadamente hombres de todas las esferas de la sociedad, y los preparó mediante experiencias diversas, a fin de que el mensaje bíblico fuera lo más cercano posible a las variadas circunstancias de la vida humana.

3- Deja ver claramente que la escritura nunca fue "mecánica" (ej. estilo dactilógrafo) y que los autores fueron meros amanuenses, como algunos erradamente suponen. Al contrario, Dios, que respeta nuestra personalidad, dio libertad a que los procesos de pensamientos de los escritores humanos no fueran anulados. Por eso notamos que el estilo literario de cada libro es inconfundible con el autor.

4- En cuanto a todo el material que el escritor utilizaría, por ejemplo genealogías, estadísticas y documentos que obraban en su poder (ej. Lucas 1:1-4) los escritores mismos afirman que el Espíritu Santo controló al escritor a fin de que no introduzca defecto humano alguno (como historia falsa, descripciones imprecisas o doctrinas erradas) de tal manera que viciara la revelación contenida en el escrito o echara a perder su autoridad.

5- Dejamos hasta aquí el aspecto más importante para concluir diciendo que: La inspiración bíblica es verbal, es decir que el mensaje "exhalado por Dios" es presentado en palabras y palabras que fueron aprobadas por el Espíritu Santo y tal como fueron expresadas por el escritor.

Nos volvemos a detener aquí para aclarar que lo que estamos diciendo no es, que cada palabra fuera "dictada mecánicamente" sino todo lo contrario.

El autor describió en lenguaje humano, lo que vio y oyó del mensaje de Dios, aplicando conscientemente su mente a la descripción y guiado por cierto por la iluminación del Espíritu Santo que se ocupó de que el escritor hallara las palabras adecuadas.

Podríamos continuar hasta la infinidad con datos detallados acerca de la validez de la inspiración. Sin embargo, nada de esto convence a los que falsamente se llaman "ateos" o "escépticos" pues ellos cierran sus ojos a la realidad. En primer lugar porque sus corazones no han sido regenerados por el Espíritu Santo y permanecen en tinieblas sin poder "ver" la realidad espiritual.

Y en segundo lugar por su arrogancia, producto del orgullo de su corazón, como lo expresa el salmista: *"dice el necio en su corazón no hay Dios"*.

Sólo aquel que tiene el Espíritu Santo puede detenerse a considerar los misterios de Dios. La dificultad de la mente para captar la naturaleza y medida de la inspiración, se debe al hecho de que estamos tratando con una combinación de lo humano y lo divino.

Repetimos, dondequiera que esté Dios, hay misterio.

Pero es precisamente este elemento lo que constituye la gran gloria de la revelación cristiana.

Existe la necesidad de una mezcla misteriosa de lo divino y lo humano en el libro.

Es indubitable que Dios habla en la Biblia pero a Él le ha placido hacerlo en ropaje humano muchas veces, en lenguaje de los hombres, porque a los hombres se dirigía y ha sintonizado la música de su mensaje a los tiempos, los idiomas, los individuos, los temperamentos; más el sello, el soplo de su espíritu permanece. Por ello si los amigos de Job han hablado y sus palabras están dentro del libro inspirado, allí mismo Dios les dice: *"No habéis hablado por mí con rectitud"* (12:8).

Bien, con todo esto ensayaremos una definición de la inspiración que contiene todos los elementos de las que hemos tratado y que nos ayudará a memorizarla, pero ahora, comprendiendo cada frase.

"La inspiración es la acción del Espíritu Santo que obra en los escritores sagrados y los impulsa a escribir la revelación que recibieron de Dios para que los demás hombres puedan conocerla de manera inerrable e infalible."

Conclusión

Podemos todavía terminar haciendo algunas conclusiones importantes que nos ayudarán para responder a los desconfiados de turno que siempre encontraremos.

En primer lugar: es maravilloso pensar que en la misma Biblia el Espíritu Santo se anticipa a decirnos que las palabras de Dios no vinieron por la voluntad o deseo del hombre, sino que fueron *"movidos"* precisamente por el Espíritu Santo según leemos en II Pedro 1:21.

En segundo lugar: no es de extrañar que el Señor Jesucristo en todo su ministerio público enseñara y explicara el sentido del Antiguo Testamento y nunca en ninguna oración hizo alusión a la posibilidad de errores en sus sagradas páginas y, sin embargo, si recordamos, que él denunciaba los errores de su día (Mateo 23) y que estaba presto a detectar y a corregir los errores de su propio pueblo, (Lucas 9:55), *"Entonces, volviéndose él, los reprendió, diciendo: vosotros no sabéis de qué espíritu sois."*

Si en la Biblia hubiesen existido todos esos errores que han preocupado a tantos escépticos, el mismo Señor

Jesucristo nos habría advertido contra ellos; pero no fue así, sino todo lo contrario, ya que Él, siendo como dice Apocalipsis 3:14: *"El testigo fiel y verdadero"* atestigua la veracidad de las Escrituras al decir en Juan 10:35, *"Si llamó dioses a aquellos a quienes vino la palabra de Dios (y la escritura no puede ser quebrantada), ¿al que el Padre santificó y envió al mundo, vosotros decís: Tú blasfemas, porque dije: Hijo de Dios soy?"* y en Lucas 21:22, *"Porque estos son días de retribución, para que se cumplan todas las cosas que están escritas."* Él puede afirmar: *"Porque de cierto os digo que hasta que pasen el cielo y la tierra, ni una jota ni una tilde pasará de la ley, hasta que todo se haya cumplido"* (Mateo 5:18).

Ahora bien, conviene precisar que los términos "la ley, los profetas y los salmos" eran las expresiones utilizadas por los judíos para representar todo el Antiguo Testamento y el Señor Jesucristo no podría nunca hacer alusión al mismo y utilizarle si alguna de sus partes no fuese inspirada o tuviese errores, de ahí que Él afirma: *"Todas las cosas que están escritas en la ley de Moisés y en los profetas y en los Salmos referentes a mí han de ser cumplidas"* (Lucas 24:44).

Si todo lo que hasta aquí hemos dicho para corroborar la inspiración divina de las escrituras ha sido importante ¿no es más importante todavía el testimonio del mismo Señor Jesucristo? Eso es más que suficiente para que todo aquel que se llame cristiano descanse confiadamente en la Palabra de Dios.

Podemos concluir aquí meditando en las palabras del Salmo 19:7-14. ¿No sentimos cierto escozor al pensar que Jesús también meditaba y oraba con **este salmo**? ¡Qué alto privilegio! Este de tener a nuestro alcance toda la Palabra de Dios, llena de las cualidades eternas que aquí se describe. ¡Disfrútala, ámala y obedécela!

5
El canon del Antiguo Testamento

¿Biblia católica o protestante?

Aquí empezamos a desarrollar un tema sumamente importante. En primer lugar porque nos va a responder acerca de una duda generalizada y que causa mucha confusión. ¿Por qué las Biblias católicas tienen otros libros que no tienen las protestantes? La verdad que el tema es largo así que trataremos de ordenarlo de la manera más sintética y clara posible. Por eso comenzamos con el Antiguo Testamento y luego de dilucidado éste lo haremos con el Nuevo Testamento.

La palabra 'canon', que significa literalmente "caña" o

"vara de medir", fue usada para denominar la lista de los libros reconocidos como la palabra inspirada de Dios para distinguirlos de entre todos los demás libros como la 'regla de fe'.

Cómo ya vimos anteriormente, a medida que Dios se fue revelando progresivamente a la humanidad, de manera paralela, Él fue preparando la formación del libro que había de ser el medio de la revelación en sí mismo.

Así tenemos por ejemplo, muy temprano en la historia, los diez mandamientos, grabados en piedra, Deuteronomio 10:4, 5.

-Las leyes de Moisés escritas en un libro, fueron guardadas al lado del arca. Deuteronomio 31:24-26.

-También se hicieron copias de este libro. Deuteronomio 17:18.

-Josué añadió al libro. Josué 24:26.

-Samuel escribió en un libro y lo guardó delante de Dios. I Samuel 10:25.

-Este libro era bien conocido 400 años después. II Reyes 22:8-20.

-Los profetas escribieron en libros. Jeremías 36:32; Zacarías 1:4; 7:7-12.

-Luego vemos también que Esdras leyó este libro de la ley públicamente. Esdras 7:6; Nehemías 8:5.

De esta manera llegamos al tiempo de Jesús donde éste libro se le llama "La Escritura" y era leído públicamente y enseñado con regularidad en las sinagogas. De manera que era recibido entre el pueblo como Palabra de Dios. Y tengamos en cuenta que el mismo Jesús compartió este pensamiento y lo llamó repetidamente por ese nombre.

Es sumamente llamativo que el Nuevo Testamento contiene unas 300 citas de estas "Escrituras" y también que no cita de ningún otro libro fuera de ellas, salvo únicamente las palabras de Enoc, que aparecen en la epístola de Judas.

Recordemos que muchas de estas citas se hacen de la versión Septuaginta del Antiguo Testamento que estaba en uso general en la época de Jesús y aun cuando esta versión contenía los libros apócrifos, no aparece en el Nuevo Testamento ninguna cita referente a los mismos. Esto es también una evidencia de que ni Jesús ni los apóstoles reconocieron a los libros apócrifos como parte de Las Escrituras.

Es muy importante para nosotros que estas Escrituras se componían de 39 libros que son los mismos que figuran hoy en nuestro Antiguo Testamento. La única diferencia era la manera en que estaban ordenados:

Se les llamaba La Ley a los primeros cinco libros: Génesis, Éxodo, Levítico, Números y Deuteronomio.

Los Profetas incluía: Josué, Jueces, Samuel, Reyes, Isaías, Jeremías, Ezequiel y los profetas menores.

Los Escritos que se componían de: Salmos, Proverbios, Job, Cantares, Ruth, Lamentaciones, Eclesiastés, Esther, Daniel, Esdras, Nehemías y Crónicas.

De esta manera ustedes notaran que hacen 24 libros, tal como los clasificaban los hebreos. ¿Y por qué 24 y no 39?

Sencillamente porque combinando los dos libros de Samuel, dos de Reyes, dos de Crónicas y Esdras y Nehemías como uno, y los 12 profetas menores (que se escribían en un solo rollo) en uno, hacen 24 que son exactamente los mismos 39 del Antiguo Testamento nuestro.

Ahora bien, hasta aquí seguramente nos viene dando vuelta en la mente la pregunta: ¿Quién fue el que determinó la canonicidad de estos libros como regla final? La verdad es que no hay una respuesta concreta acerca de cómo este grupo de libros se completó y fue puesto o considerado aparte como la palabra reconocida de Dios. La tradición judía le atribuye a Esdras esta recopilación y selección final de los libros.

Ahora notemos como hemos visto antes, que nosotros creemos que a medida que los libros iban siendo escritos, comenzando desde Moisés, ya fueron en su propia época reconocidos, como inspirados, por Dios mismo y guardados en el tabernáculo, o en el templo según se iban acumulando. Uno también se imagina que en el cautiverio babilónico, por ejemplo, muchos de estos escritos se perdieron.

Fue Esdras quien, al regreso del cautiverio, reunió los ejemplares dispersos y los devolvió como grupo completo a su lugar en el templo; de allí se harían copias de copias para las sinagogas de los distintos lugares donde estaban dispersados los judíos.

Tomamos un texto interesante del "Compendio Manual de la Biblia" de Henry H. Halley quien se refiere a un texto escrito por el gran historiador judío del primer siglo, quien dice lo siguiente:

"Tenemos solamente 22 libros que contienen la historia de todos los tiempos, los cuales se consideran divinos. De éstos, cinco pertenecen a Moisés y contienen sus leyes y las condiciones del origen de la humanidad hasta el tiempo de su muerte. Desde la muerte de Moisés hasta el reino de Artajerjes, los profetas que sucedieron a Moisés escribieron la historia de los eventos que ocurrieron en sus propios tiempos en 13 libros. Los restantes 4 libros son de himnos a Dios y preceptos para la conducta de la vida humana. Desde los días de Artajerjes hasta nuestros propios tiempos, todo evento en verdad ha sido registrado; pero estos registros recientes no se han tenido por dignos de igual crédito que aquellos que los precedieron por cuanto no ha habido una exacta sucesión de profetas.

En esto hay demostración práctica del espíritu en el cual tratamos nuestras Escrituras; pues aun cuando ha ocurrido tan grande intervalo de tiempo, nadie se ha atrevido a añadir ni quitar ni cambiar una sola sílaba. Y es instintivo de todo judío, desde el día en que nace, considerar a estas escrituras como enseñanza de Dios, persistir en ellas y si fuere necesario, gustosamente dar sus vidas por ellas." (Flavio Josefo).

Como pueden ver este testimonio es de suma importancia. Josefo nació en el 37 DC en Jerusalén, de la aristocracia sacerdotal. Recibió una educación esmerada, tanto en la cultura judía como en la griega. Además fue gobernador de Galilea, y comandante militar en las guerras de Roma, y estuvo presente en la destrucción de Jerusalén. Fue llevado a Roma donde se dedicó a actividades literarias. Así escribió cuatro libros: "Las guerras de los Judíos," "Antigüedades de los Judíos",

"Contra Apión" (de donde tomamos esta cita) y su "Autobiografía."

Estas palabras de Josefo son testimonio inexcusable de la creencia de la nación judía de la época de Jesús, acerca de cuáles libros constituían las escrituras hebreas y de que aquella colección de libros se había completado y cristalizado desde hacía 400 años antes de sus días.

Claro que aquí surge otra cuestión: ¿Cómo dice Josefo que los libros son 22?, ¿No habíamos dicho que los judíos contaban 24?

Lo que sucede es que a veces Rut se escribía en un rollo aparte y a veces en el de Jueces. Lamentaciones a veces ocupaba un rollo aparte y a veces se escribía con Jeremías. Por ello generalmente el número total de rollos se reducía a 22. Y esto tenía un propósito intencionado, que era conformarlo al número de letras en el alfabeto hebreo.

También debemos tener presente que los traductores de la Septuaginta re-clasificaron los libros de acuerdo a su contenido, arreglo que han seguido los traductores latinos y modernos.

Por ello podemos notar que aunque los libros de nuestro Antiguo Testamento son idénticos a los libros de las escrituras hebreas, no están clasificados en el mismo orden y no se los llamó Antiguo Testamento hasta después de la terminación de las "Escrituras Cristianas" para diferenciar entre ambos.

Los libros apócrifos

Ahora recién estamos en condiciones para entrar a estudiar los llamados libros apócrifos o deuterocanónicos, como son llamados en las biblias católicas. Y esta palabra quiere decir: "después del canon" y por lo tanto reconocidos en todo el mundo como apócrifos. A su vez ésta es una palabra griega que significa "ocultos" o "secretos" y que se adoptó porque precisamente la fecha de los mismos, su origen y la paternidad literaria de ellos era sumamente dudosa.

Tuvieron su origen entre los siglos 1 al 3 AC. La mayoría son de procedencia ignorada y fueron añadidos a la Septuaginta o traducción griega del Antiguo Testamento ya que como vimos anteriormente, no estaban en el Antiguo Testamento hebreo.

Estos libros fueron escritos principalmente en el período inter-testamentario, es decir entre Malaquías y Mateo. Ahora es importante tener en cuenta que a este período se le llama el tiempo de "silencio de Dios" ya que cesaron las profecías, los oráculos y la revelación de Dios.

Los judíos nunca reconocieron estos libros como parte de las escrituras hebreas. Josefo los rechaza directamente y como ya dijimos Jesús nunca los citó y no aparecen en ninguna parte del Nuevo Testamento. Tampoco fueron reconocidos por la Iglesia primitiva como de autoridad canónica.

El detalle técnico a tener en cuenta para comprender bien el por qué de su aparición es que cuando la Biblia fue traducida al latín en el siglo II DC, el Antiguo Testamento se tradujo no del hebreo sino de la versión Septuaginta griega. "De la Septuaginta, estos libros apócrifos pasaron a la traducción latina y luego a la Vulgata latina, que llegó a ser la versión común de Europa hasta la época de la reforma."

"Los protestantes que basaban su movimiento sobre la autoridad divina de la Palabra de Dios rechazaron enseguida estos libros apócrifos por no ser parte de aquella, tal como había hecho la iglesia primitiva y los antiguos hebreos." (Manual de Halley).

Debemos agregar que en el siglo IV cuando San Jerónimo hizo la revisión de la versión latina, que contenía los apócrifos, tuvo sumo cuidado en indicar a través de prefacios a estos libros, que no se hallaban en el canon hebreo, agregando que no debían ser usados "para establecer cualquier doctrina."

Desgraciadamente los copistas de los manuscritos de la Vulgata latina pasaron por alto todos esos prefacios, provocando la confusión de donde estaba el canon hebreo y donde no estaba. Como consecuencia, muchos Padres de la Iglesia no hicieron la distinción debida cuando en sus escritos citaban tanto de los libros canónicos como de los apócrifos indistintamente.

Por supuesto que esta confusión, como ustedes ya habrán notado, persiste hasta el día de hoy.

Así llegamos hasta el 8 de abril de 1546 hasta el famoso Concilio de Trento en el que la Iglesia Católica Romana puso el sello de "su autoridad" en esos once libros apócrifos (o parte de ellos) y decretó anatema cualquiera que no los recibiera, según la Biblia Vulgata latina con los demás libros sagrados y canónicos.

Según puede verse claramente, ésta fue una determinación de la Iglesia Católica para detener el movimiento protestante.

De los libros que declaró canónicos, sólo omitió III y IV

Esdras y la Oración de Manases, y que aún permanecen en las versiones católico romanas.

Daremos una breve síntesis de estos libros según el Manual de Halley:

III Esdras

Muchas Biblias católicas llaman al libro de Nehemías: II Esdras. III Esdras es una recopilación de pasajes de Esdras, II Crónicas y Nehemías y de leyendas acerca de Zorobabel.

IV Esdras

Pretende contener visiones dadas a Esdras referentes al gobierno divino del mundo, una nueva era venidera y la restauración de ciertas escrituras perdidas.

Tobías

Una novela completamente desprovista de valor histórico y llena de prácticas supersticiosas, acerca de un joven israelita, cautivo en Nínive que fue guiado por un ángel a casarse con una "virgen viuda" cuyos siete esposos habían sido muertos por un demonio.

Judith

Otra novela de una judía rica, viuda y hermosa que en los días de la invasión babilónica llegó a la tienda del general babilónico y simulando enamorarse de él, le cortó la cabeza y de esta manera salvó la ciudad en donde habitaba.

Ester 10:4-13; Capítulos 11-16

Pasajes acuñados a la versión Septuaginta del libro de Ester, principalmente para mostrar la mano de Dios en el relato. Estos fragmentos fueron recogidos y agrupados por San Jerónimo.

Sabiduría

Muy similar a ciertas partes de Job, Proverbios y Eclesiastés. Una especie de fusión del pensamiento hebreo y de la filosofía griega. Escrito por un judío de Alejandría que se hace pasar por Salomón.

Eclesiástico

También llamado "Sabiduría de Jesús, hijo de Sirac." Se parece al libro de Proverbios. Escrito por un filósofo judío que había viajado mucho. Da reglas de conducta para todos los detalles de la vida cívica, religiosa y doméstica. Alaba a una larga lista de héroes del Antiguo Testamento.

Baruc

Este libro pretende ser escrito por Baruc, el escriba de Jeremías a quien representa como pasando los últimos años de su vida en Babilonia. Se dirige a los exiliados. Su contenido es principalmente parafraseado de Jeremías, Daniel y otros profetas más una vehemente denuncia de la idolatría.

Canto de los tres jóvenes (Daniel 3:24-90)

Un añadido apócrifo al libro de Daniel que pretende ser la oración de los tres amigos de Daniel en el horno de fuego y su canto triunfal de ser librados.

Historia de Susana (Daniel 13)

Otro añadido al libro de Daniel. Relata como la esposa piadosa de un judío rico en Babilonia, falsamente acusada de adulterio, fue liberada mediante la sabiduría de Daniel.

Bel y el Dragón (Daniel 14)

Otro añadido apócrifo al libro de Daniel. Dos historias en las cuales Daniel demuestra que los ídolos Bel y El Dragón no son dioses. Una se basa en el relato del foso de los leones.

Oración de Manases

Pretende ser la oración de Manases, Rey de Judá, cuando estuvo cautivo en Babilonia (II Crónicas 33:12,13). De un autor desconocido, probablemente del primer siglo AC.

I Macabeos

Otra historia de gran valor sobre el período Macabeo, que cuenta eventos de la heroica lucha de los judíos para su independencia, 175-135 AC. Escrito alrededor del 100 AC por un judío de Palestina.

II Macabeos

Este es también un relato de la lucha de los Macabeos pero se limita al período 175-161 AC. Profesa ser una abreviación de una obra escrita por un tal Jasón de Cirene, de quien nada sabemos. Complementa a I Macabeos pero es inferior a él.

Otros escritos

Además de los libros apócrifos mencionados, hubo otros

escritos del período entre el siglo 2 AC y el 1 DC. Generalmente son de estilo apocalíptico y en el que su escritor "toma el nombre de algún héroe muerto mucho antes, y relata la historia como si fuese profecía."

Se componen de una trama de visiones que profesan derivar de personas de las escrituras más antiguas, llegando a relatos por lo demás fantasiosos. Hablan mucho del Mesías venidero. El padecimiento vivido en el período Macabeo acrecentaba la expectativa judía de su venida. Su base estaba dada en parte por tradiciones inciertas y por detalles imaginarios.

Estos son algunos de ellos:

• **Los libros de Enoc**

Un grupo de fragmentos de varios autores desconocidos, escritos en los siglos 1 y 2 AC que contienen revelaciones que se dicen haber sido dadas a Enoc y a Noé. Tratan del Mesías venidero y del Día del Juicio.

• **La Asunción de Moisés**

Escrito por un fariseo cerca del tiempo del nacimiento de Cristo. Contiene profecías que se atribuyen a Moisés y que confió a Josué cuando estaba próximo a morir.

• **La ascensión de Isaías**

Un relato legendario del martirio de Isaías y algunas de sus supuestas visiones. Se cree que haya sido escrito en Roma por un judío cristiano, durante la persecución de Nerón a los judíos.

- **Libro de Jubileos**

Un comentario sobre el Génesis escrito probablemente en el período Macabeo o poco después. El nombre proviene de su sistema de calcular los tiempos que se basa en los períodos de 50 años de los jubileos.

- **Salmos de Salomón**

Un grupo de cánticos acerca del Mesías venidero, escritos por un fariseo desconocido, probablemente poco después de la época Macabea.

- **Testamento de los 12 patriarcas**

Un producto del siglo 2 AC que pretende dar las instrucciones de los 12 hijos de Jacob a sus hijos al morir. Cada uno relata la historia y las lecciones de su propia vida.

- **Los oráculos sibilinos**

Escritos en la época Macabea con añadidos posteriores en imitación del estilo de los oráculos griegos y romanos. Trata de la caída de los imperios opresores y del amanecer de la era mesiánica.

Aquí terminamos con la breve consideración de los libros apócrifos, sin olvidarnos que la Biblia menciona otros libros que nunca llegaron a nuestras manos. Esos libros son:

El libro de las guerras del Señor. Números 21:14.

El libro de Jaser. Josué 10.13.

El libro de Natán el profeta. I Crónicas 29.29.

El libro de Gad el vidente. I Crónicas 29:29.

La profecía de Abías Silonita. II Crónicas 9:29.

Las visiones de Iddo el vidente. II Crónicas 9:29.

Cuando leemos expresiones como *"ahora el resto de los hechos de Salomón, primeros y posteriores, ¿no están escritos en el libro de Natán el profeta, y el de la profecía de Abías silonita y en las visiones de Iddo el vidente?"* (II Crónicas 9:29) recibimos una sencilla declaración registrada por el Espíritu Santo de que además de un relato inspirado que nos muestran estas grandes verdades, había otros relatos más completos de los grandes hechos de Salomón, pero las mismas palabras empleadas quieren darnos a entender que el relato que contiene la Biblia es todo lo que Dios mismo considera necesario conservar para nuestra instrucción.

6
El canon
del Nuevo Testamento

Ya vimos el significado de la palabra 'canon' y como las iglesias cristianas, desde el comienzo, aceptaban los escritos judaicos como la Palabra de Dios y les daban en sus asambleas el mismo lugar que habían tenido en la sinagoga.

Así a medida que aparecieron los escritos apostólicos se los añadía a las Escrituras hebreas y se los respetaba con misma veneración sagrada. Además, cada iglesia poseía no solamente lo que se le había escrito directamente si no que agregaban copias de las demás, escritas a las otras iglesias.

Comienzos neo-testamentarios del canon

En el mismo Nuevo Testamento vemos que, viviendo aún los apóstoles, ya hay indicaciones para que las iglesias formaran colecciones de los escritos y los colocaran a la par del canon hebreo.

-Pablo reclamaba tener la inspiración de Dios en sus enseñanzas (I Corintios 2:7-13; 14:37; I Tesalonicenses 2:13.)

-Igualmente Juan, respecto al Apocalipsis (1:2)

-Pablo sugirió que sus epístolas se leyeran en las iglesias. (Colosenses 4:16; I Tesalonicenses 5:27; II Tesalonicenses 2:15)

-Pedro escribió con el fin de que *"estas cosas"* permanecieran en las iglesias *"después de su partida"* (II Pedro 1:15; 3:1,2)

-También citó como escritura del Nuevo Testamento en I Timoteo 5:18: *"Digno es el obrero de su salario"* - frase que no encontramos en ninguna parte de la Biblia sino en Mateo 10:10 y Lucas 10:7, lo que evidencia que uno de estos ya existía cuando Pablo escribió la primera carta a Timoteo y de que se le tenía por "Escritura."

-También Pedro incluye las epístolas de Pablo con *"las otras escrituras"* (II Pedro 3:15,16)

Hasta donde los apóstoles eran conscientes de que sus escritos llegarían a ser parte de las Escrituras Sagradas para el futuro, no lo sabemos. Ellos escribieron muchas cartas teniendo presente necesidades del momento y sin saber su destino posterior. Pero al leer sus escritos notamos en sus palabras una sabiduría tan especial y trascendente que sólo la misma inspiración del Espíritu Santo podría darles. Sin duda que sus escritos tenían vida y el sello del mismo Espíritu, por lo que es notable que ninguna iglesia los rechazara o discutiera su legitimidad.

Además, es claro que el mismo Dios a "Su manera" determinó cuales de todos los escritos debían conservarse.

Las primeras colecciones eran incompletas

Los medios de comunicación no tenían la velocidad y eficacia de hoy. Los viajes eran lentos y sumamente peligrosos. Lo que hoy lleva un viaje de una o dos horas en avión, en ese entonces lo era de meses o años. Tampoco se conocía la imprenta y el hacer constantemente copias a mano era un trabajo lento y laborioso. A eso debemos sumarle que era una época de persecución por lo que los escritos debían ser celosamente escondidos, para no ser destruidos, como pasó en cientos de ocasiones.

Así, hasta la época de Constantino tampoco había reuniones o asambleas públicas o concilios donde cristianos de distintos puntos geográficos pudieran reunirse y comparar sus informes de los escritos que tenían. Entonces las primeras colecciones del Nuevo Testamento variaron de una región a otra en cuanto a la cantidad de libros que iban poseyendo y por otra, 'reconociendo' como Palabra de Dios. Se imaginan entonces, que el proceso de llegar a la unanimidad del Nuevo Testamento era muy lento.

Libros falsos o dudosos

Además de los que se iban reconociendo, había muchos libros (o escritos) más, tanto buenos como fraudulentos, como veremos más adelante. Algunos eran tan buenos y valiosos que por algún tiempo se los consideraba como de "Las Escrituras". Y otros eran unas falsificaciones a todas luces. En esto es de suma importancia que la gran norma por la cual se juzgaba a un libro antes de aceptarlo, era si tenía procedencia apostólica genuina.

El estudio de los mismos no siempre era fácil, más cuando se trataban de escritos poco conocidos y de regiones sumamente distantes.

Testimonios contemporáneos de los escritos del Nuevo Testamento

Existían pero son pocos, en parte por el material que se usaba para escribir que pronto se destruía con el tiempo. Pero también por la gran destrucción de los escritos cristianos en la persecución.

Pero aunque sean pocos, son un testimonio de la existencia en sus días de un grupo de escritos autoritativos a los cuales los cristianos consideraban como "Las Escrituras" y abundan en alusiones y citas del Nuevo Testamento.

Por ejemplo, citaremos sólo algunos:

Policarpo, en su carta a los Filipenses cerca del 110 DC cita Filipenses y reproduce frases de otras nueve epístolas de Pablo y de I Pedro dice: "Tengo cartas vuestras y de Ignacio. Enviaré la vuestra a Siria, como pides. Y os mando la carta de Ignacio y otras y la presente carta mía."

Lo que indica que en la época de Policarpo las iglesias ya habían comenzado a coleccionar copias de escritos cristianos.

Papías, era alumno de Juan (70-155 DC) y escribió una "Explicación de los Discursos del Señor" en que cita de Juan y relata tradiciones de Mateo y Marcos en cuanto a su origen.

Ignacio, en sus siete cartas escritas cerca del 110 DC durante el viaje de Antioquía a Roma para su martirio, cita Mateo, I Pedro, y I Juan. Menciona a epístolas de Pablo y sus cartas revelan huellas de los otros tres evangelios.

Tertuliano, (160-220) de Cártago, quien vivía mientras los manuscritos originales de las epístolas aún existían, habla de las Escrituras Cristianas como el Nuevo Testamento (título que aparece por primera vez en los escritos de un autor desconocido de cerca del 193 DC). En las obras existentes de Tertuliano hay 1800 citas de los libros del Nuevo Testamento. En su obra "Contra Herejes" dice:

> "Si queréis ejercitar vuestra curiosidad con provecho en el asunto de vuestra salvación, visitad las iglesias apostólicas en donde las sillas mismas de los apóstoles todavía presiden en sus sitios; en las cuales se leen sus propias y auténticas epístolas, haciendo resonar la voz y representarse el rostro de cada uno de ellos. ¿Os queda cerca Acaya? Tenéis a Corinto. Si no estáis lejos de Macedonia, tenéis a Filipos y a Tesalónica. Si podéis ir a Asia tenéis a Éfeso. Si estáis cerca de Italia, tenéis a Roma."

Estas son sólo algunas citas de los llamados Padres de la Iglesia y que en parte fueron contemporáneos de los apóstoles con el fin de poder ver en general la seriedad con que se fue formando el canon del Nuevo Testamento.

Por supuesto que también hay citas de escritos herejes donde se citan libros del Nuevo Testamento para apoyar esas herejías como es el caso de Basilides, un hereje gnóstico que enseñó en Alejandría (117-138).

Marción, otro hereje cerca del 140 DC que formó un canon propio para favorecer su herejía. Por supuesto, ustedes pueden profundizar la investigación si lo desean. Nosotros continuaremos ahora con la recopilación final del Nuevo Testamento.

La formación del Nuevo Testamento

Para llegar entonces, a la recopilación final del Nuevo Testamento acudiremos otra vez a la valiosa información que nos brinda el Manual de H. Halley:

> "Eusebio (264-340 DC) obispo de Cesarea e historiador de la Iglesia, vivió durante la persecución de los cristianos bajo Diocleciano, esfuerzo último y desesperado de Roma para borrar el nombre de 'cristiano'. Fue encarcelado él mismo. Uno de los objetos especiales de esta persecución fue la destrucción de las escuelas cristianas. Durante diez años los agentes de Roma buscaban las Biblias y las quemaban en las plazas. Para los cristianos en aquellos días horrendos, el asunto de exactamente cuáles libros formaban sus escrituras no era cosa de poca monta.

Eusebio vivió hasta el reinado de Constantino, quien aceptó el cristianismo y lo hizo religión de su corte y del imperio. Eusebio llegó a ser el principal consejero de Constantino en lo religioso. Uno de los primeros actos de Constantino cuando llegó al trono fue ordenar, para las iglesias de Constantinopla, cincuenta Biblias que debían preparar copistas hábiles bajo la dirección de Eusebio, sobre la vitela más fina. Debían ser llevadas de Cesarea a Constantinopla en carruajes reales. En su orden a Eusebio dice:

"He creído conveniente ordenar a vuestra prudencia que mandes hacer 50 ejemplares de las Sagradas Escrituras cuya provisión y uso sabes es necesarísimo para la instrucción de las iglesias, las cuales deberán hacer un pergamino preparado, de manera leíble y en una forma cómoda y portátil, copistas bien versados en su arte...Quedas además autorizado, en virtud de esta carta para usar para su transporte dos de los carruajes públicos; mediante cuya disposición, las copias, una vez terminadas, serán más fácilmente remitidas para mi inspección personal. Puede confiarse este servicio a alguno de los diáconos de tu iglesia, el cual, a su llegada aquí, sabrá de mi liberalidad. Dios te conserve, amado hermano."

¿Cuáles libros formaban el Nuevo Testamento de Eusebio? Exactamente los mismos que forman ahora el Nuevo Testamento nuestro.

Mediante amplia investigación, Eusebio se informó de cuáles libros habían tenido la acogida general de las iglesias. En su historia de la Iglesia habla de cuatro clases de libros:

1- Los universalmente aceptados.

2- Los libros "disputados": Santiago, II Pedro, Judas, II y III Juan, de los cuales aunque incluidos en las Biblias suyas, dudaban algunos.

3- Los libros "espúreos", entre los cuales cita: "Los Hechos de Pablo", el "Pastor de Hermas", el "Apocalipsis de Pedro", la "Epístola de Bernabé" y el "Didache."

4- La "Falsificación de Herejes", el "Evangelio de Pedro", el "Evangelio de Tomás", el "Evangelio de Matías", los "Hechos de Andrés" y los "Hechos de Juan."

A toda esta información agreguemos que el Concilio de Cártago (397 DC) dio su aprobación formal a los 27 libros del Nuevo Testamento tal cual nosotros los conocemos hoy.

No es que este concilio formó el canon, sino que reconoció lo que ya era el criterio unánime de las iglesias y que habría heredado también como los 27 libros aceptados por los Padres de la Iglesia.

Lo que sí nos tiene que quedar en claro es que tanto católicos como protestantes tienen los mismos libros del canon (vara o regla de medir) y nunca han discutido sobre ellos.

Pero cualquier persona culta sabe que si el Antiguo Testamento católico añade más libros apócrifos o deuterocanónicos, no por esa diferencia vamos a decir que la Biblia católica es completa ni que la protestante es falsa.

Sencilla y finalmente, toda la historia de las escrituras deja en claro la posición evangélica que acepta 39 libros en el Antiguo Testamento y 27 en el Nuevo Testamento.

Libros apócrifos del Nuevo Testamento

Son todos los libros que aparecieron en el siglo I. Eran en su mayoría falsificaciones, como dice un escritor: "Están llenos de historietas absurdas e indignas de Cristo y de los apóstoles, que nunca han sido considerados divinos ni encuadernados en nuestras Biblias." "Son intentos deliberados de llenar los vacíos del Nuevo Testamento referentes a Jesús a fin de favorecer pretensiones heréticas mediante asertos falsos."

Había en circulación cerca de 50 evangelios espúreos además de muchos "Hechos" y "Epístolas"; ante tal cantidad de escritos falsos se imaginan qué importante se volvió para la iglesia distinguir lo verdadero de lo falso.

Muchos de ellos son el origen de los dogmas de la Iglesia Católica Romana.

Estos son algunos de los más conocidos:

El evangelio de Nicodemo, Proto-evangelio de Santiago, la Asunción de María (culmina con la remoción de su "inmaculado y precioso cuerpo" al paraíso), el evangelio según los Hebreos, el evangelio Seudo-Mateo, el evangelio de Tomás, la natividad de María, el evangelio árabe de la niñez, el evangelio de José el carpintero, Apocalipsis de Pedro, los Hechos de Pablo, los Hechos de Pedro, los Hechos de Juan, los Hechos de Andrés, los Hechos de Tomás, Carta de Pedro a Santiago, la epístola de Laodicea, Cartas de Pablo a Séneca, y las cartas de Abgaro.

La característica de todas estas narraciones es que vagan en lo absurdo y fantasioso, otras son para promover falsas doctrinas y herejías.

Escritos de los Padres Apostólicos

Estos no deben confundirse con los libros falsos anteriormente enumerados ¿Quiénes eran los Padres Apostólicos? Fueron los contemporáneos parciales de la generación apostólica. De ahí la importancia histórica de sus escritos como testimonio de la veracidad del Nuevo Testamento para los cristianos.

Como pueden apreciar, conforman el eslabón de unión entre los apóstoles y la historia posterior de la iglesia.

Algunos fueron tan altamente estimados que en algunos lugares y por algún tiempo se les consideró parte de la escritura. Son los siguientes:

-Epístola de Clemente a los Corintios (95 DC). Clemente fue obispo de Roma, compañero de Pedro y Pablo y se cree que conoció a Juan.

-Epístola de Policarpo a los Filipenses. Cerca del 110 DC, era discípulo de Juan y obispo de Esmirna.

-Epístola de Ignacio, en el 110 DC aproximadamente. Fue alumno de Juan y obispo de Antioquia. Escribió 7 epístolas y padeció el martirio.

-La epístola de Bernabé. Escrita entre el 90 y 120 DC. Algunos creen que haya sido el Bernabé del Nuevo Testamento pero otros lo dudan.

-Los fragmentos de Papías. Era obispo de Hierápolis y padeció el martirio por el mismo tiempo que Policarpo.

-La Didache o enseñanza de los doce, o más extensamente, la enseñanza del Señor por medio de los doce apóstoles a los gentiles. Es una declaración de un autor desconocido.

-El Pastor de Hermas. Es el ejemplo más antiguo de una alegoría cristiana. Era 'El Peregrino' de la iglesia primitiva.

-La Apología de Arístides. Filósofo de Atenas. Escribió una "Defensa del Cristianismo" a Adriano en el 125 DC. Es el más antiguo tributo literario de un filósofo al cristianismo que se conoce. Es de Atenas, cuna de la filosofía.

-Justino Mártir. (100-167 DC). Un filósofo que después de haber probado la filosofía estoica, peripatética, pitagórica y platónica, halló satisfacción final en el cristianismo.

-Segunda epístola de Clemente. Entre el 120 y el 140 DC.

-La epístola de Diogueto. Un autor que reclama su discipulado de los apóstoles.

Concluimos entonces que los escritos de los Padres Apostólicos son fuentes importantes para sumar veracidad a los escritos del Nuevo Testamento y una visión más amplia para el estudiante de la Biblia.

El conocimiento de todo este material tiene como fin que cada cristiano pueda saber presentar con claridad la explicación debida acerca de la inspiración de la Biblia como libro de Dios.

Pero es también sentar una base firme para el comienzo a un estudio más serio de la Biblia. Perderle el temor al estudio detenido y serio de la Palabra. Lo cual también evitará que por ignorancia no demos un buen testimonio de la verdad. ¿Qué buen testimonio puede dar un cristiano que no conoce bien su Biblia?

Estamos ante el maravilloso desafío de conocer más a la persona de Cristo estudiando Su Palabra. Me uno contigo en oración para que se cumpla en nosotros el reto del Apóstol Pablo:

"Procura con diligencia presentarte a Dios aprobado, como obrero que no tiene de qué avergonzarse, que usa bien la palabra de verdad" (II Timoteo 2:15).

Conclusión

Para concluir quisiera recordar a Esaú, el primogénito de Isaac, quien como tal, tenía una gran heredad: la bendición del primogénito que le daba el derecho de ser sacerdote de la familia ante Dios y así intercedería por su familia ante Dios. Pero un día tuvo hambre, mucho hambre, y cuando vio comida prefirió satisfacer su hambre y no recibir lo más grande que pudiera haber recibido de Dios: la bendición del primogénito (Génesis 25:27-34).

Ahora, Jacob su hermano, no era perfecto, pues era bastante tramposo, pero había algo que lo diferenciaba de Esaú y eso era que Jacob sí deseaba la bendición del primogénito. Lo deseaba más que cualquier cosa, había algo en él que buscaba a Dios.

Más tarde cuando él tiene un encuentro personal con el Dios vivo, (Génesis 32:22-32), vemos que lucha y sigue luchando, pues no está dispuesto a que Dios lo deje sin que lo bendiga. Y así sucedió, Jacob recibió esa bendición tan importante para él, pues estuvo dispuesto a jugarse.

¿Eres un Esaú o eres un Jacob? ¿Estás dispuesto a sacrificarte por tener un encuentro con el Dios vivo y real? Ahora, da ese paso.

Recursos para tu edificación

Para finalizar, te dejo una lista de sitios web que puede ayudarte en tu relación con Dios a través de recursos musicales, videos y material de bendición.

Devoción Total (www.DevocionTotal.com): Red de sitios cristianos dedicada a proveer recursos para la evangelización y la edificación de los creyentes en Cristo Jesús. Encontrarás prédicas, música, mp3s, videos, reflexiones cristianas, devocionales y mucho más.

CD Virtual GRATIS
(www.DevocionTotal.com/cdvirtual/) Un CD completo para descargar que contiene la música de cantantes cristianos independientes en archivos MP3, un librito y otras sorpresas dentro!

Sermones Cristianos.NET
(SermonesCristianos.NET): Descarga gratis sermones en audio mp3, prédicas cristianas y estudios bíblicos. También predicaciones escritas y en video.

Estudios Bíblicos
(www.EstudiosBiblicosCristianos.NET): Materias del Instituto Bíblico Palabra de Fe que ahora puedes leer y consultar en línea.

Mensajes Cristianos (www.MensajesCristianos.NET): Un devocional de aliento para tu vida tomado de la Biblia. La Palabra de Dios: Un mensaje para cada día del año

Aplicaciones Cristianas
(www.AplicacionesCristianas.com): Diferentes aplicaciones gratis para dispositivos móviles con sistema operativo Android, Apple y Nokia: Devocionales, Libros, Música y Videos.

Estimado Lector

Nos interesan mucho tus comentarios y opiniones sobre esta obra. Por favor ayúdanos comentando sobre este libro. Puedes hacerlo dejando una reseña en la tienda donde lo has adquirido.

Puedes también escribirnos por correo electrónico a la dirección info@editorialimagen.com

Si deseas más libros como éste puedes visitar el sitio de **Editorialimagen.com** para ver los nuevos títulos disponibles y aprovechar los descuentos y precios especiales que publicamos cada semana.

Allí mismo puedes contactarnos directamente si tienes dudas, preguntas o cualquier sugerencia. ¡Esperamos saber de ti!

Más libros del autor

Espíritu Santo, ¡Sopla En Mí! Aprendiendo los secretos para un vida de poder espiritual

Este libro te guiará a conocer al Espíritu Santo como persona. También aprenderás que es posible vivir una vida llena de su presencia. ¡Vivir una vida en lo sobrenatural es posible!

Apocalipsis - Un vistazo al futuro de la humanidad

Este libro fue escrito para entender las revelaciones contenidas en el Libro del Apocalipsis.

Además encontrará estudios adicionales relacionado con los demonios, el Anticristo y lo relacionado con el Tribunal de Cristo, temas tratados en la Palabra de Dios en otros contextos pero que integran el tiempo del estudio apocalíptico, dado que el principal propósito es lograr un estudio en orden cronológico según sucederán los hechos.

La Oración Intercesora - Principios para una vida de oración eficaz

Este libro te ayudará a descubrir el placer de orar. Aún en nuestras vidas tan agitadas podemos aprender a orar y a interceder como a Dios le agrada.

Es mi deseo que este libro te inspire a ser parte de ese ejército de Dios que continuamente clama al cielo "¡Que venga tu reino!" Sin duda Dios hará maravillas con cada vida que le crea a Él y actúe en consecuencia

Los Dones Espirituales - Descubre el don que hay en ti para edificación de la Iglesia

Debemos tener una sincera preocupación por descubrir nuestros dones para ponernos a servir al Cuerpo, de lo contrario, lo que hayamos recibido comenzará a marchitarse y pronto se secará definitivamente. Los dones de en una iglesia son la prueba de que el Espíritu Santo está presente y que tiene vida

Sanidad para el Alma Herida - Como sanar las heridas del corazón y confrontar los traumas para obtener verdadera libertad espiritual

Este es un libro teórico y práctico sobre sanidad interior. Nuestra enseñanza motiva la búsqueda de la sanidad para las mentes y espíritus de las almas sufridas.

Se tratan temas como: Enfermedades del alma, Mecanismos de defensa, Abuso y violación, Maltrato Infantil, Carencias afectivas Maldiciones El perdón, El Arrepentimiento Y muchos más...

Alabanza y Adoración - Cómo adorar a Dios según la Biblia

En este libro descubrirás las bases bíblicas de la alabanza y la adoración para poder adorar a Dios como Él está buscando que lo hagan.
Podrás encontrar los siguientes temas y muchos más:
* Significados de alabanza y adoración
* Cómo manifestar la alabanza y la adoración
* Por qué adorar al Señor
* Cómo convertirme en un adorador
* El efecto que tiene la adoración en el interior del creyente

Más libros de interés

Promesas de Dios para Cada Día - Promesas de la Biblia para guiarte en tu necesidad

Nuestro Padre es un Dios de Amor y no retiene ningún bien. En Su Palabra encontramos los regalos y bendiciones que nuestro Padre tiene para nosotros.

Harto de Religión - Pero deseoso del Dios vivo

Si tuviera que definir en muy pocas palabras el objetivo que persigue este libro, diría que, con una inocultable nostalgia, Picone pide volver a los tiempos del "primer amor", como reza Apocalipsis, donde quizás había menos luces, menos rayos láser, menos marketing y más simpleza y profundidad en la fe.

Instinto de Conquista

Es un libro motivacional, que desafía la inquietud de cualquier persona que anhele un cambio en su vida y no sabe por dónde comenzar.

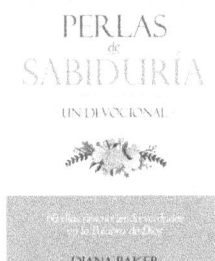

Perlas de Sabiduría – Un devocional - 60 días descubriendo verdades en la Palabra de Dios

Una perla que se produce en el mar tiene un valor muy alto. Ha comenzado por ser un diminuto grano de arena para luego convertirse en algo muy bello que muchos buscan y codician.

Gracia para Vivir - Descubre cómo vivir la vida cristiana y ser parte de los planes de Dios

Martin Field, nos comparte en este libro sobre la gracia que proviene de Dios. La misma gracia que trae salvación también nos enseña cómo vivir mientras esperamos la venida de Jesús.

Vida Cristiana Victoriosa - Fortalece tu fe para caminar más cerca de Dios

En este libro descubrirás cómo vivir la vida victoriosa, Cómo ser amigo de Dios y ganarse Su favor, Lo que hace la diferencia, Cómo te ve Dios, Cómo ser un guerrero de Dios, La grandeza de nuestro Dios, La verdadera adoración, Cómo vencer la tentación y Por qué Dios permite el sufrimiento, entre muchos otros temas.

Dios Contigo - Tu Padre quiere hablarte y tiene un mensaje para ti

Varios autores se han reunido para darle forma a este libro, cuya intención es acercarte más al corazón de Dios.

30 días con Dios - Lecturas diarias que te fortalecerán y te acercarán al Padre

Lo que leerás a continuación es un devocional que hemos preparado con algunas de las reflexiones que ya hemos enviado por correo electrónico a miles de personas alrededor del mundo desde al año 2004